eldoron
Publisher

미안하고, 사랑하고, 고맙다!

김정순 지음

**미안하고,
사랑하고,
고맙다!**

지은이	김정순
초판발행	2011. 2. 17

펴낸이	배용하
편집	윤순하
등록번호	제258호
펴낸곳	엘도론 www.eldoron.com
	대전광역시 동구 삼성동 285-16 T.042.673-7424
ISBN	978-89-92257-50-3

책값은 뒤 표지에 있습니다.

※ 이 책의 내용 전부나 일부를 출판사의 허락 없이 복사하거나 복제를 금합니다.

“

이 책을

함께 울고 웃으며 뒹굴었던

우리 에벤에셀 가족들과 남편 김종군 목사,

이 사역에 함께 해준 수많은 선한 손길들,

그리고 언제나 그 자리에 계셨던

주님께 드립니다

”

차례

낮은 자리에서
가정과 교회를 섬기는

김정순 사모가 보통 사람들은 생각조차 하기어려운 비범한 사람의 인생을 살고 있는 것이 볼 때 대견스럽다는 말부터 하고 싶습니다.

청주 청남교회에서 어릴 때부터 심성이 남달리 유순하더니 잘 성장하여 청년이 되어서는 청주성서신학원을 졸업하고 교회에서 가르치는 사역을 하다가 뜻밖에 순탄치 않은 길을 선택하여 오늘의 장애인 목회자의 아내가 되었습니다.

사실 목회자의 반려자란 여자로서 평범한 주부로 살아가는 것과는 비교될 수 없는 귀한 사명감에서 비롯됩니다. 더군다나 장애인 목회자의 아내로서 살아간다는 것은 실로 비범한 사람이 아니고서는 감당하기 어렵다고 봅니다.

지금까지 하나님의 은혜로 잘 살아왔으니 앞으로도 그렇게 살아간다면 우리 주님께서도 "잘하였도다"라고 칭찬을 아끼시지 않으리라 믿습니다. 주님께서는 작은 자의 이웃이 되어 주라고 하셨는데 장애인의 반려자가 되어 사명을 다하고 있으니 말입니다.

누구나 인생을 살면서 무엇을 남겨놓고 하나님께서 부르실 때 편안히 갈 수 있을까를 고민합니다. 그런데 김정순 사모는 역경 중에서도 간간히 시간을 쪼개 글로 남긴 것들을 책으로 모은다고 하니 이 또한 찬사를 보내지 않을 수 없습니다.

그동안 장애인 남편을 만나서 신학공부를 마치고 오늘의 목회자가 됐으니 그 자체만으로도 박수와 격려를 받을 만 합니다.

영웅 나폴레옹은 생전 60전 58승 2패를 하였답니다. 우연히 그가 패하였다는 장소 모스크바와 워털루를 가서 보았는데 구소련 모스크바에서 패한 이유는 추위를 견디지 못해 돌아갔답니다. 그러나 벨기에 워털루 전쟁은 패할 이유가 전혀 없었습니다. 오히려 승리한 줄로 알고 밤 늦도록 술 잔치하느라 늦잠 들었던 것이 패인이라니 알 만합니다. 자만은 금물입니다.

김정순 사모가 앞으로 계속 낮은 자리에서 가정과 교회를 섬기는 자세를 잃지 않고 살아간다면 분명히 최상의 상급을 받게 될 것을 믿고 격려사를 가름합니다.

이한흥 목사
청주청남교회 원로목사

온화한 미소와
따뜻한 사랑의 눈길

새해 들어 어느 날, 같은 목회의 길을 걸어가는 후배 한승진 목사에게서 김정순 사모님의 책이 출판되는데 추천사를 써달라는 부탁을 받았을 때 저는 잠시 주춤하였습니다. 왜냐하면, 제가 과연 사모님의 책에 추천사를 남길 만한 자격이 있는지, 스스로 물어보니 자신이 없었기 때문입니다. 그러면서도 오래전 청년시절에 사모님을 통해 받았던 은혜를 독자들과 잠시 나누는 것도 나름 의미가 있겠다 싶어 흔쾌히 허락하였습니다. 이제는 같은 목양의 길을 가는 동역자로서 여전히 제 가슴 한구석에 진하게 남아있는 사모님과의 아련한 추억들을 회상하며 몇 자 적어 봅니다.

제가 김정순 사모님을 처음으로 뵌 것은 80년대 후반에 숭실대에서 철학도로서, 또 미래의 목회자 후보생으로 한창 준비할 때였습니다. 당시 사모님을 만난 곳은 구로동에 있는 한 작은 개척교회은성교회였습니다. 그때 사모님은 남편이신 김종군 전도사님을 늘 가까이에서 모시면서 가정에서는 아내와 엄마로서, 교회에서는 남편과 함께 전도사로 사역을 감당하고 계셨습니다. 언젠가 댁에 놀러 간 적이 있었는데, 제 기억에 아주 작은 집에서 몸이 불편하신 남편을 휠체어에 태우시면서도 전혀 힘든 기색없이 기쁨으로 감당하시던 것이 생각납니다. 또 힘든 일상 속에서도 어린 두 자녀를 믿음으로 기르시던 모습이 제 기억에 아직도 또렷이 남아있습니다. 세상의 기준의 잣대로 한 여자의 일생을 조명해 본다면 참으로 불행한 삶이라 평할 수 있겠지만, 그녀의 삶 속에서는 그것을 초월하는 신령한 하늘의 기쁨이 있습니다. 그렇기에 그처럼 열악한 환경 속에서도 늘 긍정적이었고 그녀의 얼굴 어디에서도 어두운 그늘의 흔적을 발견할 수 없었습니다.

그 후 제가 목사가 되어 영락교회에서 부목사로 사역할 때 목사님과 사모님의 만남을 추억하면서 참으로 오랜만에 여전도회 회원들과 함께 방학동에 있는 에벤에셀교회를 방문한 적이 있습니다. 그 당시 저와 함께 갔었던 여전도회 회원들은 열악한 환경 속에서도 기쁨으로 사역하시는 목사님과 사모님을 보고 감동이 되어 그 후로 지금까지 계속해서 사랑으로 섬기며 후원하고 있습니다. 제가 사모님을 떠올리면 늘 생각나는 것이 온화한 미소와 따뜻한 사랑의 눈길입니다. 그래서 그분 앞에 서는 이마다 마음이 푸근해지면서 자연스럽게 마음이 열리는 것같습니다. 그렇습니다. 그녀에게는 분명히 예수님의 향기가 있어 가까이 갈수록 그 향이 짙게 묻어 나옵니다. 그 향기가 있기에 사모님과 만났던 사람들은 오랜 세월동안 그 향취를 잊지 못합니다.

모쪼록 이번에 사모님이 출판하시는 책을 통해 평생 섬김의 삶이 온몸에 배어 있는 사모님의 자기 고백과 신앙의 간증이 읽는 모든 이에게 큰 감동으로 다가갈 수 있기를 바랍니다. 또 사역자 이전에 한 남편과 두 아이를 끔찍이 사랑하는 평범한 주부로서의 잔잔한 삶의 이야기가 독자로 하여금 큰 반향을 일으키게 될 것을 기대하면서 적극적으로 이 책을 추천해 드립니다.

곽승기 목사
무학교회 행정목사

화려함보다는
소박함으로

　김정순 사모님의 책 출간을 진심으로 축하드립니다. 지식정보화사회로 일컬어지는 오늘날엔 그야말로 엄청난 양의 정보와 책이 홍수처럼 쏟아집니다. 필요에 따라 습득해야하는 정보도 많고 읽어야하는 책들도 많고, 하루에도 그 수를 헤아리기 조차 힘들 정도로 책들이 나옵니다. 그러나 '풍요속의 빈곤이랄까요?' 이렇게 지식정보의 대량생산물 속에서 정작 가슴 깊이 다가오는 것들이 적어 늘 아쉬움이 남았습니다. 이런 아쉬움을 말끔히 씻어내고 탄성을 자아내게 한 책이 바로 김정순 사모님의 『미안하고, 사랑하고, 고맙다!』입니다. 저는 이 책을 접하면서 그야말로 한 편의 잔잔한 휴먼 다큐를 보는 듯한 감동과 친한 친구가 들려주는 이야기 같은 편안함을 만끽할 수 있었습니다.

　우리는 물질 추구와 효율성의 논리가 세계를 지배하게 되면서 인생의 의미를 상실하고 말았습니다. 많은 사람들이 참된 의미와 가치를 찾아 헤매이고 있습니다.

　이 책은 구절 하나 하나에서 제 삶을 반추해보게 하였고, 화려함보다는 소박함으로 정다움을 더해주는 삶의 나눔이 무엇인지를 되새겨보는 깊은 사색으로 이끌어 주었습니다. 더욱이 이 책의 강점은 사모님의 삶이 있는 그대로 드러나 있기에, 독자들이 부담없이 읽을 수 있는 편안함을 줍니다. 그러면서 사모님이 보고, 느끼신 삶의 여유와 성찰과 기도가 우리의 가슴에 울리는 감동을 전해줍니다. 분주한 삶의 쫓김에서 한 걸음 물러나 사모님이 펼쳐내신 글샘의 향기에 흠뻑 빠져보시기 바랍니다. 이 책을 통해 생활수필의 진수를 만끽할 수 있습니다.

사모님의 글은 참 따뜻합니다. 이것은 사모님의 삶이 바로 글에 드러남입니다. 사실 오래전에 사모님과 김종군 목사님 그리고 찬양이, 찬미를 만났습니다. 그 당시 사모님의 삶은 세상적인 기준으로 보면 참으로 어려움 그 자체였습니다. 그 당시, 부군이신 목사님은 장애인으로 가난한 신학생이셨고, 찬양이와 찬미는 엄마의 손이 많이 가는 어린 아이들이었습니다. 그러니 사모님은 목사님과 아이들 뒤치다꺼리로 자신의 꿈과 소망을 펼쳐나가실 수 없었습니다. 늘 어려운 생활고에 시달리시면서 목사님의 학업과 장애인 교회 설립 그리고 아이들을 돌보셔야만 하셨습니다. 이처럼 세상적인 기준으로 보면 힘겨운 삶의 조건이시기에, 짜증도 내고, 화를 내실 만도 한데 한 번도 그런 모습을 뵌 적이 없었습니다. 사모님은 그때부터 지금까지 늘 웃으십니다. 긍정적이시고, 목사님과 아이들을 존귀히 여기시고 주변 사람을 높여주십니다. 그렇게 양보하시고 배려하시면서 살아오셨습니다. 그러기에 사모님을 뵙고, 이야기를 나눌 때마다 건강한 에너지가 전해집니다.

'근묵자흑近墨者黑, 근주자적近朱自赤' 이라는 말처럼 좋은 사람과 사귀면 좋아지고, 나쁜 사람과 사귀면 나빠집니다. 서로 주고받는 사귐에 따라 영향을 받기 때문일 것입니다. 그런 점에서 좋은 책과의 만남은 매우 중요합니다. 제가 좋아하는 말로 '이문회우以文會友' 라는 말이 있습니다. 이 말은 공자의 고제高弟인 증자曾子가 "군자는 글로써 벗을 사귀고, 벗과의 만남을 통해 인仁을 보강해간다"라고 말한 것에서 유래한 말 입니다. 이 책을 통해 제가 만난 사모님의 삶을 독자들도 접해보시기를 바랍니다. 이런 점에서 이 책은 우리에게 참된 삶의 의미를 되새기게 합니다. 이 책을 통해 사모님과 고운 사귐을 가져보시기를 바랍니다.

한승진 목사
익산 황등중학교 교목
『사람은 잇대어 살아야해요』 저자

메말라가는 사람들의
마음을 촉촉하게

김정순 사모로부터 전화가 걸려왔습니다.

그동안의 사역과 살아온 생활 수기를 책으로 낸다 하였습니다.

유명한 사람들이나 추천의 글을 써야 할 것 같은데 옛 은성교회에서 함께 섬기던 정으로 부탁하는 것 같아 기쁘게 생각하였습니다.

내가 김정순 사모를 만난 것은 1994년 화재로 전소된 은성교회에 부임했을 때입니다. 그때만 해도 젊은 새댁이 장애의 몸으로 사역하는 김종군 전도사님을 내조하는 것이 때로는 안쓰러워 보이기도 하였습니다. 두 분은 장애인 사역을 하면서 고려대 구로병원에서 정기적으로 열심히 전도를 하였습니다. 어려운 생활 속에서도 낙심치 않고 항상 밝은 모습으로 사역하며 오늘에 이르기까지 꿋꿋하게 살아온 것이 대견하고 존경스럽습니다.

이 책은 남편의 사역을 손과 발이 되어 눈물로 내조하고 헌신한 사모이자 어머니요 한 여자로서의 땀과 눈물이 배어있는 인생의 경험 철학이라 하겠습니다. 메말라가는 사람들의 마음을 촉촉하게 해줄 아름다운 서정시가 될 것입니다. 이 책이 읽는 이들에게 인생의 도움이 되고 영감을 불어 넣어주길 바랍니다.

김영창 목사
신내교회 담임목사

감동을 넘어
가슴 뭉클한 그 무엇을

사랑하고 존경하는 김정순 사모님의 글들을 모아 책으로 출간됨을 진심으로 축하합니다.

제가 방화동에 와서 교회를 개척하고 목회를 시작한 것이 올해로 만 17년이 됩니다. 김정순 사모님과 남편 김종군 목사님을 처음 알게 된 것은 목회 초창기로 벌써 15년 이상이 되지 않았나 생각이 됩니다.

장애인 공동체인 에벤에셀 교회를 설립하고, 똑같이 몸이 불편한 장애인들에게 복음을 전하고 열심히 목회하시는 목사님의 모습을 보면서 마음으로 많이 응원하고 존경의 마음을 품었습니다.

그리고 그 곁에서 늘 묵묵히 동역자요 돕는 배필로서 함께 목회하시는 사모님의 모습은 감동을 넘어 가슴 뭉클한 그 무엇을 느끼게 해주었습니다. 그러다가 가끔 에벤에셀 회지에 실린 사모님의 글을 읽어보았습니다. 그 글들은 진솔하고 깊은 영성이 배어있는 글들이었습니다. 그 속에 인생의 아픔이 있었고, 치유가 있었고, 보람이 있었고, 인생의 목적이 있었고, 희망이 있었습니다.

그리고 저도 사모님의 글 속에서 다시 한번 천국의 소망을 바라볼 수 있었습니다.

그래서 막연하지만 이런 생각을 한 적이 있습니다.

'사모님이 문단에 데뷔해서 책을 내시면 좋겠는데…'

　그런데 이제 그때의 막연한 생각이 실현되어 책을 출간하게 되었다니 너무나 기쁩니다.

　부디 많은 사람이 이 책을 통해 인생의 목적을 발견하고 삶의 용기를 얻어, 다시 일어나 천국의 소망을 향해 힘차게 달려갈 수 있는 복이 있기를 소원합니다.

　김정순 사모님, 사랑합니다! 사랑합니다! 축복합니다!

문일규 목사
공항 성산교회

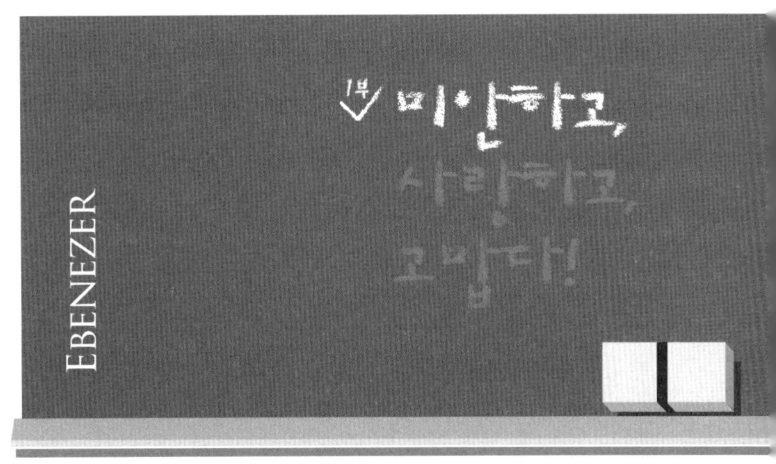

> 거룩해지지 않고서는 아무도 주님을 뵙지 못할 것입니다.
> 여러분은 하나님의 은혜에서 떨어져 나가는 사람이
> 아무도 없도록 주의하십시오. _ 히브리서 12:14-15

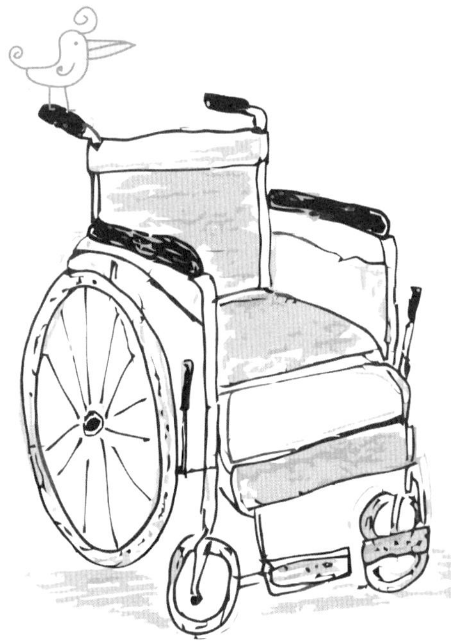

명의의 처방전

무더운 날씨와 과다한 업무에 지쳐서 그런지 벌써 여러 날 동안 몸과 마음이 계획대로 움직여지지 않는다. 이런 상태가 계속된다면 아마도 큰 낭패를 볼 것같다.

어떻게 해서라도 이 상태에서 빠져나가야 한다. 그래도 남들은 나의 일과를 보면 지극히 정상이라고 볼 것이다. 새벽기도회부터 저녁 늦게까지 내게 닥치는 일들은 그런대로 잘 처리 하고 있기 때문이다.

그러나 나 자신은 내가 제일 잘 알기에 신속히 내게 꼭 맞는 처방전을 구해야만 했다.

모든 일과를 마치고 "구하라 그리하면 주실 것이요"라고 말씀하신 주님께 기도하면서 오늘은 꼭 제대로 진단을 받고 처방전까지 받아야 할 것 같았다. 기도를 시작하면서 나는 육신만이 아니라 영혼까지도 아파하고 지쳐 있음을 깨닫게 되었다.

세상에서 가장 친절하고 자상한 의사이신 주님만이 내 처방전을 주실 수 있다는 확신이 들자 나는 마치 긴 여정을 무사히 마치고 돌아와 따뜻한 물에 몸을 씻고 아주 깨끗하고 포근한 이부자리에 누워 모든 시름을 잊고 영혼의 평안함을 만끽하는 듯했다. 얼른 이불을 부둥켜안고 작은방으로 직행했다.

여리고 연약해서 작은 일에도 넘어지고 그로 말미암아 다치고 상처도 많다. 일일이 고하지 않아도 이런 힘든 부분을 세세히 알고 계신 의사를 찾은 것이다. 언제까지나 무한정 내 투정을 받아주실 것 같은 그분의 처방전을 받아야만 한다. 그분께 여름 몇 달 동안 지고 다녔던 무거운 짐 보따리들을 하나하나 풀어 보이며 훌훌 털어 버리고 싶다.

주님! 제가 지난주일에는 얼마나 힘들었는지 아시지요? 다른 성도들처럼 성경책만 달랑 들고 교회 가는 사람들이 그렇게 부러울 수가 없었어요.

주일 새벽부터 양손이 부족할 정도로 주일 필요한 물품이나 음식들을 챙겨 가야하고, 5번 정도의 예배를 마치고 성전 뒷정리가 끝나기가 무섭게 졸라대는 아동부 아이들을 데리고 개화산으로 곤충채집을 다녀오니 식구들 저녁 시간이 이미 지났어요.

그뿐인가요. 주님! 오늘은 다른 사건이 하나 더 있었지요. 거동이 불편한 노 집사님께서 교회 오시겠다며 데리러 오라는 연락을 받고 예배 30분 전에 집사님 댁에 도착해보니 변기에 앉아 계셨어요. 병원에서 퇴원하신 후에는 변기에 못 올라가신다고 도와달라는 연락이 종종 왔었는데, 혼자 변기에 앉아계시다니 오늘은 그래도 다행이다 싶었는데…. 죽 둘러보니 욕실바닥부터 침상까지 황금색으로 얼룩져 있고, 집사님은 종이 기저귀를 입으시려고 접착밴드를 찾느라 여기저기 잡아당겨 이미 서너 군데 구멍이 나 있는 기저귀를 내게 건네시며 "누구? 사모님이셔 통 눈이 잘 보이질 않아서 붙이는 데를 찾을 수가 없네" 하시는거였어요. 화장지를 들고 여기저기 문지르다 샤워기를 집어 들었어요. 화장지로는 해결이 나지 않을 것 같아 비누를 풀어 집사님을 비롯해 온 사방을 물로 말끔히 씻어내고, 옷을 입혀 드리고, 소변줄을 챙겨, 휠체어를 밀며 아파트를 나와 큰 대로변을 지나는데, 온몸이 식은땀 범벅이 되어 찬 기운마저 감돌았어요.

주님! 여기저기 깨끗하게 옷을 차려입고 홀가분하게 삼삼오오 짝을 지어 걸어가는 성도들이 그토록 부러울 수가….

오후에 그 집사님을 집으로 모셔다 드릴 때도 아까와 비슷한 일을 치르고서야 빠져나올 수 있었다고요.

홀가분하게 엘리베이터를 타고 1층으로 막 나오는데, 항상 의자에 앉아계시는 병약하신 할머니 한 분을 만나게 되어 인사를 드렸더니, "아니 그 노친네는 그 몸으로 어디를 갔다 오느냐"고 물으셨어요. 그런데 주님! 내 사명이 뭡니까? 한 달여 동안 포섭 대상이었던 터라. "할머니도 교회 가신다면 모시러 올게요, 못 걸으셔도 괜찮아요, 마음으로만 하나님을 믿어도 소용이 없어요, 확실히 믿으셔야 천국에 가요, 그러시려면 교회 나오셔야 되요, 젊었을 때 예수 믿은 것 소용없어요"라고 구구절절 외쳐댔어요.

죽으면 그것으로 끝이라며 당신의 철학을 고집하시던 그 할머니께서 드디어 다음 주일 데리러 오라는 승낙을 하신 것 아시지요.

쓰러질 듯 지쳐 있다가도 오늘 같은 사건이나, 어쩌다가 새 어린이 1명이라도 교회 문을 밀고 들어오면 그렇게 기쁘고 감사할 수가 없어요. 가르치는 일을 시작한 지 18년째 되도록 수많은 영혼이 거쳐 갔지만, 요즘처럼 간절하고 귀한 일이라 생각한 적이 없었어요.

그런데 주님! 이런 기쁨 이면에도 아픔과 원망과 서운함이 많아요. 왜냐하면요. 지난주, 같이 사역을 하겠다고 오셨던 전도사님이 한 달을 못 채우고 이런 말을 남기고 떠났거든요.

"저하고는 사명이 틀리네요. 이렇게 성도들을 씻어주고 챙겨서 데려오는 일은 주의 종이 할 일이 아니라 성도들 자체에서 해결하도록 해야겠네요. 저는 이 일 보다는 말씀 전하는 사명이 있어요, 이렇게 소수보다는 더 많은 사람을 가르치고 싶어요."

제 가슴엔 또 커다란 구멍하나가 더 만들어졌구요. 그래서 그리로 들어오는 찬바람이 너무 춥고 아플 때가 많아요. 주님! 저도 많은 은사를 사모했고, 또 각종 은사를 주셨잖아요. 그런데 지금 저희가 사역을 잘못 감당하고 있는 건가요?

저는 이 일도 귀하다고 생각해요. 결혼하기 전에는 희미했던 사랑이 자식을 낳고 살아보니 하나님의 사랑을 더욱 가슴 깊이 느낄 수 있게 되었고, 오해를 받아보고 시험도 당해보니 그 상황에 처한 사람을 이해할 수 있게 되었고, 없어 보니 없는 사람의 서러움을 알게 되었고, 아파 보니 아픈 사람의 심정도 이해가 되었고, 주님의 무한하시고 크신 사랑을 입게 되니 그 사랑 전하지 않을 수 없게 되었습니다.

주님! 이제는 겪어보지 않았던 고아의 심정과 상처하고 혼자된 분들의 심정과 각종중독자들의 심정도 이해하도록 도와주십시오.

사랑의 주님! 제 가슴에 상처 난 구멍이 자꾸만 커가도 전 어쩌지 못하고 감사해야 할 것 같아요. 그 이유를 주님이 아시잖아요. 그 구멍이 아무리 커진들 제가 지은 죄악들만 하겠습니까? 그리고 다만 저의 소원이라면 주님께 꼭 붙들려 주님 뜻대로만 쓰이고 싶습니다!

안 경

난 시력이 지독히도 안 좋다.

초등학교 5학년 때부터 눈이 나쁘다는 것을 알았지만, 그런대로 적응이 되어 그 후 2년 정도를 더 버티다가 안경을 쓰게 되었는데, 쓰고 보니 희미했던 칠판 글씨는 물론, 시내버스 번호표 등 저 멀리 있는 간판 글씨까지도 선명하게 눈에 들어왔다. 그러나 잘 보인다고 꼭 좋은 것만은 아니었다. 중학교 때는 시골 사는 친구 집에 놀러 갔다가 그 친구 할아버지에게 안경 쓴 것을 들켜 어린것이 어른 앞에서 버릇없이 안경을 썼다고 혼쭐이 난적도 있었고, '안경잡이' 라고 놀림을 당한 것은 물론이고, 안경을 자주 깨 먹거나 분실해서 부모님께 야단맞은 적도 있고, 아침 일찍 차를 타거나 물건을 살 때 "아침부터 안경 낀 여자가 재수 없이…"라며 무언중 보내오는 야멸찬 시선을 모면할 길이 없었다. 그뿐만 아니라 너무 잘 보인 탓에 가로등 불빛을 보고 실망한 적도 있었다. 안경 없이 볼 때는 꿈속에서나 볼 듯한 그야말로 환상적인 꽃처럼 예뻐 보였는데 안경을 끼고 보니 전봇대 꼭대기에 달랑 매달린 전등을 보니 왠지 나 자신까지도 초라해 보였다. 여하튼 30여 년이 흐른 지금은 안경에 대한 편견을 가지는 사람은 거의 없어졌고 애용해야 하는 사람도 무척 많아졌다. 어제는 전철 안에서 안경 낀 사람을 세어보았더니 안 낀 사람하고 비율이 맞물렸다. 나도 오래전부터 안경을 끼었는지 모를 정도로 내 신체의 일부분이 되었다.

그런데 언제부터인가 난 또 다른 안경을 하나 더 쓰고 있음을 발견하게 되었다.

어릴 때 아버지가 맞추어준 안경은 세상을 선명하게 잘 보이게 해주었지만, 아름다움과 그 기쁨의 감격을 오래 지속시켜주지는 못했다. 햇빛이 나는가 하면 어느새 짙은 회색빛으로 둔갑해 두렵고 불안하고 초조하게 만들기 일쑤였지만 하나님께서 내게 주신 안경은 영의 눈으로 세상을 살펴보면 볼수록 창조의 신비로움과 경이로움까지도 볼 수 있는 특수 안경이었다. 영적으로 거듭나면서부터 쓰기 시작한 이 안경은 육신의 피와 살만 보게 하는 것이 아니라 살아 움직이는 생명의 오묘한 신비까지도 볼 수 있으며 끝없는 기쁨과 평강을 유지해 준다.

난 이 안경을 언제나 점검해서 깨지거나 분실되지 않도록 잘 챙겨서 죄악 된 오물로 더럽혀지지 않도록 깨끗하고 정결하게 잘 사용해 영적인 삶이 불편하지 않도록 언제나 이 영안을 쓸 것이다.

최상의 상담자

사춘기를 넘나들던 힘들 나이, 그때 내게는 하나님이 너무 멀리 계셨을 때가 있었다. 그뿐 아니라 그 시절을 회상해 보면, 몹시 방황하며 삶의 돌파구를 잃고 어두움의 세력에 쫓기고 쫓기다 절벽 끝에 다 달았을 때는 마치 바늘구멍만 한 희망의 빛도 보이지 않았던 것 같았다. 요즈음 청소년들이 한 번쯤 생각해 보는 자살, 죽음의 문턱을 찾기도 여러 번, 그러나 그런 와중에도 내 잠재의식 가운데 꿈틀대는 것이 있었는데, 그것은 어려서부터 교회 선생님들에게 배워온 십계명이다. 또한, 그분은 죄를 미워하신다는 것과 살고 죽는 것조차도 그분 손안에 있다는 것이다.

이런 말씀들 때문에 아무리 힘들고 죽을 것 같은 상황 중에라도 내 삶을 내 마음대로 할 수 없었다. 그러나 주님은 가까이하기에는 너무 멀게만 느껴졌다.

그런데 그렇게 멀게만 느껴졌던 하나님께서는 내게 그분의 사랑을 느낄 수 있게 아주 좋은 상담자로 내게 다가오셨다. 처음에는 지인들을 통해서 오시고 다음에는 많은 책을 통해서 서서히 마음을 열게 하시더니 곧 하나님 말씀을 보고 듣게 이끄셨다.

주님께 그 어떤 말 한마디도 할 수 없었던 그때, 그 순간도 주님은 나를 잡고 계시며 내 생각 속에서도 무언의 대화로 상담자 역할을 해 주셨던 것 같다. 절망에서 큰 희망으로 부정적인 데서 적극적인 방향으로 큰 비전을 심어 주시더니 어느 순간부터 형용할 수 없는 많은 사랑으로, 또 말씀으로 만나 주셨다.

풀 한 포기조차 나지 않을 것 같은 황폐된 마음, 세상에 있는 모든 것을 다 부정적으로 보고 믿지 못할 것 같은 그때에 내게 손을 내미셨던 주님은 구세주였다. 구원의 하나님은 사랑 그 자체였고 가장 공의로우신 분이었다. 또한, 나의 생애에서 가장 좋은 상담자였다.

영원불변하시고, 공의로우시고, 모든 허물을 기억하지 아니하시고, 용서해주시는 하나님은 정말 멋있으셨다. 내 모든 문제를 털어놓을 때마다 하나하나 치유하시고 해결해 주셨다. 세상에서는 아무것도 믿을 수 없었고, 믿어주지 않았고, 공정하지도 못했지만, 가장 신뢰가 되는 유능한 상담자요, 해결자를 만나니 내 안에 천국이 이루어졌다. "너희는 마음에 근심하지 말라 하나님을 믿으니 또 나를 믿으라"요14:1는 주님의 말씀이 왜 그리 좋은지….

그런데 오늘날 많은 사람이 이런 상담자를 만나고 있다고 하지만, 문제를 해결 받지 못할 때가 얼마나 많은가. 그 이유가 있다면, 우리가 어느새인가 내담자가 아니라 상담자가 되었기 때문이라고 본다.

목회자로, 교사로, 구역장으로 직함에 맞는 상담을 하다 보니 언제부터인지 "난 상담자가 필요 없어"라고 나 스스로 나를 상담하고 있기 때문이다.

내 상담경력, 내 지식, 내 능력 안에서 나를 진단하고 상담해서 결론을 내리다 보니 명쾌한 답을 얻지 못해 늘 상쾌하지 못할 때가 많다. 성령은 우리를 도우시는 우리들의 개인적인 상담자이고 나의 개인적인 지도자이다.

우리는 기도를 통해 말씀을 통해 성령의 능력을 받고 상담을 받아야 한다.

"수고하고 무거운 짐 진 자들아 다 내게로 오라 내가 너희를 쉬게 하리라 나는 마음이 온유하고 겸손하니 나의 멍에를 메고 내게 배우라 그러면 너희 마음이 쉼을 얻으리니 이는 내 멍에는 쉽고 내 짐은 가벼

움이리 하시니라"마11:28~30

어려울 때일수록 이웃과 더불어

가는 곳마다 입을 열었다 하면 IMF 이야기를 떨칠 수가 없다.

그런데 우리 교회는 이런 시기에 월세교회에서 다 허물어져 가는 구옥을 사게 되었다. 교회 재정 상태를 사람의 머리로는 계산할 수 없는 상황이었지만, 하나님께서 역사 하고 계신다. 헌 집을 헐어 버리고 조립식으로 지어가고 있다.

지금 인류사회는 내일을 예측할 수 없이 급변하는 시대이다. 불투명한 경제 한파가 사람들을 또 나와 내 가족을 걱정하게 하고 가족들끼리 똘똘 뭉치게 하여 주니 약간은 다행인 것 같다. 인건비를 줄이고자 사람을 내 보내고 아내가 남편이 또는 아이들까지 가게 일을 돕고 있다. 이렇게 가정과 더불어 사는 훈련이 타인에게까지, 전 사회로까지 확산하여 더불어 사는 의식이 생활화되어야 한다.

이번에 한파를 만난 경제를 통해 이기주의에서 나보다 못한 이웃과 더불어 사는 계기가 되었으면 한다. 그러려면 가장 기초적인 가정과 더불어 사는 훈련이 잘되어야 건강한 사회인으로 성장해 타인과도 서로 귀중히 여기고 존경하며 친절하게 이해하며 살아가는 사회가 된다.

역사적으로 기독교는 꼭 남고 여유가 있어서 남을 준 것이 아니라 하나님 뜻을 이루려고 주님 말씀을 순종한 것이다. 실천한 덕목들을 열거해보면 배고픈 자에게 빵을 주어 먹이고, 목마를 자에게 물을 주어서 갈등을 풀어주며 헐벗은 자를 입혀주고, 나그네를 영접해 주었으며, 병든 자와 죄수들을 방문하여 위로해 주었다.

이 IMF을 통해 어려움이 잘 전환되어 주춤했던 믿음의 열정이 되살아나 서로 통용하며 나누어 쓰는 초대교회의 역사가 되살아날 줄 믿는다.

나도 아플 때가 있다고요!

지난주는 몹시 바쁘고 피곤했는지 소화가 잘 안 돼서 결국 소화제를 찾게 되었다.

딱 한 병 남은 것을 마시고 빈병을 현관 앞에 두었다가 다음날 학교 가는 딸아이에게 보여 주며 집에 오는 길에 약국에서 그런 것 한 상자만 사오라며 심부름을 시켰다. 그런데 오후가 되어서 들어오는 딸 아이 손에는 소화제가 아닌 드링크제가 들려 있는 것이 아닌가?

깜짝 놀라는 나를 보더니 "아니 엄마 뭐가 잘못되었어요?"

나는 몹시 화를 냈다. 이틀 내내 엄마가 피곤해 하고 소화가 안 돼서 힘들어하는 것을 보지도 못했느냐며 화가 난 김에 서운했던 말들을 몇 마디 더 해댔다.

잠시 후 상황은 역전이 되어, "엄마가 언제 나에게 한 번이라도 아프다고 말해준 적이 있었느냐, 평소에 손님이 오면 접대할 때 사용하던 것이 떨어진 줄 알고 사왔는데, 뭐가 그리 큰 잘못이냐"며 눈물까지 뚝뚝 흘리며 조목조목 따지듯 말하는데 아무 말도 할 수가 없었다. 그렇다! 아프고 필요한 이유나 내용물을 자세하고 정확하게 알려주지 않고서 나를 이해하고, 제대로 해주기를 기대했던 내 잘 못이 큰 것이다. 사역을 하면서도 가끔 이런 비슷한 상황을 겪을 때마다 상처를 많이 받게 된다. 나도 힘들고 아프다고, 쉬고 싶다고, 배가 고프다고, 맛있는 것도 먹고 싶다고, 누리고 싶다고, 가지고 싶다고, 말하고 싶다고, 거절하고 싶다고, 나도 이해받고 싶다고, 슈퍼 우먼이 아니라고, 나도 상처받는다고, 나도 표현하고 싶다고, 나도 실수한다고….

그러나 제대로 표현하거나 전달하지도 못하면서 모두 내 마음을 알아서 잘 해주길 바라니 더욱 마음의 상처는 깊어만 간다.

사역자라서, 사모라서, 전도사라서, 사회복지사라서, 상담사라서, 부모라서, 비장애인이라서…. 묻어두고 이해하고 참고 견디는 것이 미덕이며 사역자는 당연히 그래야 하려니 하며 참으로 많이 견디어왔다.

그러나 내가 건강하지 못하면 아픈 자를 잘 이해 할 수도 돌 볼 수도 없고 오히려 더 악화 된다는 것을 깨닫게 되며 지금은 그런 억압에서 많이 자유로워지고 있다. 가끔은 일 중독에서 쉴 수 있는 여유도 생겼고, 적당히 거절할 이유도 분명히 알게 되어간다.

그래도, 모든 일이 생각대로 쉽고 넉넉하지는 않지만, 세상과 타협할 수 없는 강인함과 오직 여호와로만 인하여 만족하게 하시고, "그리 아니하실지라도 감사해요"라는 고백을 할 수 있음에 희망을 가득 품고 있다.

사랑하는 아들아!

겨울이 접어들면서 교회나 장애인선교 단체들이 크게 확장해서 이전하거나 창립해 감사예배를 드리게 된 곳이 많았다. 지금까지의 내

계산으로는 상상도 할 수 없는 억 소리를 몇 번 내도 모자랄 정도의 큰 예산으로 발전한 모습이 아름다워 보였다. 역시 큰 그릇들이구나! 하는 감탄과 함께 우리의 작고 초라한 에벤에셀교회가 곧 떠오른다.

정말이지, 이웃집 아주머니 말대로 말도 안 되는 사업을 벌이는 것이 아닌가 하는 생각이 들기도 한다. 지난여름, 지나가다 들렸다면서 "찬미 어머니! 생각을 바꾸세요! 돈도 안 되는 장애인 자립장인지 뭔가 하는 것하고, 이 비싼 교회를 다른 업종으로 바꿔봐요! 장애인들이 무슨 돈이 있겠어요?"

그분은 이곳저곳을 훑어보며 연속적으로 몇 번이나 침까지 튀기며 열변을 토하더니 어깨를 으쓱대며 사라졌다. 얼마 전 시작한 가게가 요즈음 잘 풀린다는 말은 들었지만, 저렇게 기세등등하게 감히 거룩한 하나님의 사역을 돌고 도는 그까짓 돈에 비교하다니…. 그에게는 설명조차 할 필요 없을 것 같아 말꼬리를 돌리고 말았지만, 분명히 장애인교회 장애인 사역은 인간의 눈으로 볼 때는 기약 없는 적자 사업이 자명한 일이다. 그런데 비싼 땅이지만 여기, 이 근방에 우리 교회가 꼭 필요한데 어떻게 합니까?

아침 일찍 어느 선교회에서 예배를 드리고 남편 목사님을 기도원에 모셔다 드리고 버스를 타고 전철을 타고 집에 들어오니 밤 8시가 넘었다.

전철역에 내려서니 나를 반겨주는 우리 아이들이 있었다. 이 추운 날 한 아이는 양말도 안 신고, 한 아이는 속옷에 잠바만 걸치고 있었다. 이 아이들의 목표는 오직 하나 뿐이었다. '엄마를 만나기만 하면 된다' 라는 것이다. 이 일념 하나로 잘해주지도 못하는 엄마를 소망을 가지고 기다려준 우리 아이들이 너무나 예뻤다.

그 매서운 추위의 기다림 속에서도 엄마를 만나는 기쁨과 사랑을 체험했기에 우리는 우리 이웃들에게 교회를 통해 하나님과의 만남을 주선해야 함을 절실한 사명으로 알고 있다.

얻어온 음식으로 대충 아이들을 먹이고 남은 음식을 두 봉지에 나눠 담고 일어서니 큰아이가 "또 갔다. 줄려고…? 우리 엄마는 너무 착해서 탈이라니깐"하며 못 가게 말렸다. "금방 갔다 올게" 했더니 옆에 있던 딸아이가 거들었다. "지금은 떡이 맛있는데 내일은 못 먹지. 엄마!" 하며 따라나섰다.

엘리베이터를 타면서 그 짧은 시간 동안 나는 많은 생각을 한다.

찬양아! 엄마는 절대로 착하지 않아 착하기 때문이 아니라, 해야 하기 때문에 하는 거야, 난 너희가 입을 것이나, 먹을 것이 없는데도 남을 주지는 못한단다. 네가 생각하는 것처럼 아직 우리 가족 안에 이웃을 끌어들이진 못했어, 그리고 난 널 용서하지 못할 때도 얼마나 많은지 몰라 바쁘다는 핑계로 너하고 마주하는 시간도 적고 너는 언제나 내게 안기고 싶어하지만 내게는 그런 여유가 없단다. 언제나 다 큰 게 그런다고 핀잔만 주었지, 늘 사랑이 부족해하는 너에게 야단만 쳤고, 너는 그 결과 삐뚤게 나갈 때도 많았지, 너는 유난히도 욕심이 많아 절대로 남에게 주지 않으려 하고, 언제나 대들고 싶은 마음으로 가득 차 있는 것을 알면서도 난 너를 너그럽게 용서하지 못하면서도, 우리 교회 어떤 성도가 잘못을 해도 용서하게 되고 유아실에서 아이들이 몇 번씩이나 떼를 쓰고 억지를 부려도 이해하고 용서를 한단다.

난 네가 생각한 것처럼 착하지 못해, 하지만 널 용서하는 일은 잘 안 되지만, 네 동생 찬미 말처럼 하나님 다음에 아빠를 사랑하고 그다음엔 너를 사랑하는 것이 사실이란다. 유난히도 아이 때부터 일찍 성숙한 네가 희망을 고대하기도 전에 절망을 알게 되어 고통 속에 있던 네가 무척 안쓰러웠단다. 그래도 이 엄마가 위로와 희망을 품게 된 것은, 너의 많은 그 연단이 하나님을 만나는 계기가 되었고, 네가 많은 기도의 응답을 체험하고 있기 때문이란다. 그리고 지난번 추수감사 예배 때를 이 엄마는 잊지 못할 거야, 넌 엄마를 전도사님으로 여긴 적이 거의 없었어, 그리고 늘 예배시간마다 나를 힘들게 했었지, 그러나 가끔은 내가 전하는 하나님 말씀으로 너는 많은 깨달음이 있었기에 위안을 삼았단다. 그날도 또 한 번 네가 나를 놀라게 했지, 추수감사절 유래를 설명하면서 설교를 끝내고 헌금 시간이었는데 큰소리로 "엄마! 잠깐만" 하더니 네가 벌떡 일어나 길래 난 또, 본능적으로 '또 저 녀석이…' 하고 걱정을 했는데, 네가 추수감사헌금 봉투에 적힌 액수를 보고 "엄마, 겨우 이만큼이야 내 용돈 맡긴 것에서 1만 원 지금 당장 더 넣어 주세요"라고 했지. 난 저 지독쟁이가 청교도들의 믿음을 듣더니 은혜를 받았구나! 생각하니 얼마나 기뻤는지, 평소 용돈을 철저히 챙기며 아까 와서 용돈으로는 절대 먹을 것을 한 번도 사먹지 않던 네가 지금 일 만원을 감사헌금 한다니, 정말 고맙다. 넌 다른 곳에는 그토록 인색하지만 언제나 하나님께 드리는 것에서는 풍성한 적이 많았었지.

아들아! 엄마는 지금 피곤하고 춥고, 집도 치워야 하고 밀린 리포트도 논문도 준비해야 하지만 지금, 이 일이 더 급하단다. 너도 알겠지만 요 며칠 사이 우리 아파트에서는 두 분의 노인들이 떨어져 자살하지 않았니? 그런데 우리는 채 일주일도 안 되어 그 사실을 잃어버리곤 하지 않니?

지난번 5동 베란다에서 떨어진 그 할머니도 배고픔이 아니라 외로움 때문에 돌아가셨을 것이야, 여름보다 겨울에 그런 사건이 더 많단다. 집이 따뜻하고 먹을 것이 있어도 집 밖으로 나오지 못하고 찾는 이가 없어, 사람이 사람을 만나지 못함에서 오는 외로움은 더 참기 어려운 것이란다. 그 노인을 지난여름 서너 번 정도 마주친 적이 있었는데, 다른 종교를 믿는다기에 내가 너무 적극적이지 못했어, 전도할 가능성이 있다거나 꼭 우리 교회 나와서 자리를 채워주는 사람들에게만 관심을 보여주었던 나의 이기적인 점에 대해 지금까지 무척 반성하고 있단다.

사랑하는 아들아! 오늘 내가 이 조그마한 떡 봉지를 들고 가는 것은 그때의 죄스러움 때문이라기보다 외로운 이들을 사랑하는 가족된 자격으로 얼굴을 보이러 가는 것이란다. 어쩌면 겨우 1~2분 정도의 상봉이지만 지금으로는 이보다 더 좋은 방법이 없기 때문이야, 또 더욱 감사한 것은 올 겨울에는 많은 분들이 김치를 보내주시고, 쌀을 보내주셔서 이 엄마가 찾아갈 수 있는 명목을 많이 만들어 주셨구나.

사랑하는 아들 찬양아!

내게도 고민이 있다. 그건 너무 그릇이 작다는 것이야, 아마 이점은 아빠도 같은 생각이실 거야, 생각도, 믿음도, 또 우리 성전도…. 그러나 네가 평소에 우리 교회가 세상에서 제일 작다고 늘 기죽어 지내서가 아니라 분명히 말하지만, 더는 우리 성도들이 성전에 들어 올 자리가 없기 때문이란다. 그리고 또 다른 이유가 있다면, 하나님께 드려진 비품이 너무 헌것들이기 때문이야, 며칠 전까지만 해도 앰프가 다되어 볼륨을 조금만 올리면 언제 터질지, 자동 반주기가 언제 또 말썽을 부릴지, 시끄럽다고 언제 또 이웃 주민이 문을 두드릴지 예배 시간 내내 가슴 졸이는 것도 힘들게 느껴지기 때문이야,

그런데 찬양아! "이제 큰 그릇에서 일하고 싶습니다"라고 했다가도 또 머뭇거려진다. 그 이유는 큰 그릇보다는 내가 아직 큰 사람이 아니기 때문이란다. 아직 큰사람이 아닌데, 큰일을 하는 척하다가 오히려 실수하거나 교만해질 수 있기 때문이란다.

사랑하는 아들아!

네가 엄마 아빠를 위해 기도해 주고 용기를 줄래. 큰 사람이 되도록.

그리고 사랑하는 아들아! 초등학교 입학을 하고 얼마 안 돼서 너는 내게 이런 질문을 한 적이 있었지. "왜 하필이면 엄마는 장애인하고 결혼을 했어?" 하고 말이야. 아들아! 지금은 네가 아직 어려서 잘 이해가 될지 모르지만, 하나님께서는 엄마,아빠를 주님 보시기에 괜찮은 일꾼으로 만들려고 장애를 주셨고, 또 우리가 결혼해 협력해서 하나님 뜻을 이루라고 하셨을 거야.

사랑하는 아들 찬양아!

올해에도 우리 가족, 우리 교회 성도 모두가 아직 큰 그릇은 아니지만 쓸만한 그릇으로 요긴하게 쓰임 받도록 하자.

지금, 이런 때는

얼마 전 장신대 졸업식에서 "선을 행하거나 사랑 혹 구제를 한다는 것은, 어느 면에서 보면 자기만족, 자기도취일 수도 있다"라는 곽선희 목사님의 말씀을 들으면서 왠지 모르게 답답하고 뿌옇게 느껴졌던 안개 같은 것이 거치는 것 같았다. 주님이 공급해 주시는 힘이 아니고는 그럴 수밖에…. 우리가 하고 있는 '주의 일' 이란 것들이 너무 명분에 치우치는 것이 아닐까? 행여 영혼구원선교를 망각하고 있는 것은 아닐까? 교회 운영을 위해 이전하기보다는, 사람들 보기에 잘되어간다는 것보다는, 하나님 보시기에 '되었다!' 라는 그분의 말씀대로 천하보다 더 귀중히 여기시는 소중한 한 영혼 영혼을 위해 꼭 서야 할 자리에 설 수 있기를….

밤에 아이들이 잠잘 시간이 되어, 이부자리를 펴주고 잠깐 밖에 나가 일을 보고 아이들이 깰까 봐 살며시 들어와 보니, 두 아이가 TV를 보고 있었다. 그런데 뭔가 화면 귀퉁이에 조그마한 종잇조각 같은 것이 붙여져 있었다. "얘들아! 잠은 안 자고…. 또 저건 뭐니?"하고 호통을 쳤더니, 서로 얼굴만 쳐다보며 말이 없었다. 심상찮은 예감에 얼른 종이를 잡아떼어내니 미성년자는 볼 수 없는 ⑲라고 나온 숫자가 보였다. 아이들 생각에 이 프로그램을 보면 안 된다는 것을 듣긴 했지만 '엄마가 이런 종잇조각 하나 붙인 것쯤은 모르겠지' 하면서 훔쳐보다가 딱 걸린 것이다. 서로 먼저 붙였다며 변명하는 우리 아이들의 모습이 에덴동산의 아담과 하와의 모습이고 또 하나님 앞에 간간이 변명하며 서 있는 우리의 모습일 수도 있다.

오늘 금요기도회 시간, 하나님 앞에 드러난 내 모습은 견딜 수 없을 정도로 초라하고 작고 유치해 보였다. 난 의로우신 그분께 긍휼을 구하지 않을 수 없었다. "주님의 보혈의 피가 아니면 아무것도 나의 수치를 가릴 수 없노라" 고백하는 내게 하나님께서는 설교 말씀 속에서 또 한 번 내 심령을 뒤흔들어 놓으셨다. 병원선교를 하면서 눈에 보이는 열매를 고대한 만큼의 수확을 얻지 못해 실의에 찬 모습과 명분이냐 하나님 뜻이냐를 불분명하게 결정짓지 못했던 일들과 성전 이전문제를 놓고 하나하나 목회자만이 넘어야 하는 산들 앞에 주저앉아 삶의 고역을 논했던 모습들이 오늘 본문인 출애굽기 2장에서 모세의 출생 당시 그의 가정 배경을 살펴보면서, 회개와 뜨거운 감사의 눈물을 쏟게 되었다.

그 당시 이스라엘 백성의 모진 고역과 애굽 왕의 인구억제 정책에 따라 사내아이가 태어나면 죽여야 하는 예측된 아이의 죽음을 알면서도 태중에서 10개월, 태어나서 3개월 동안 숨기면서 아들로 태어난 자식을 죽이지 못하고 온 가족이 파산될 위기를 직면한 채 불안 속에 아들을 키우며 노예의 고역을 감당해낸 세 식구, 언제 끝이 날지 모르는 힘든 고역과 피할 수 없는 아들의 죽음을 앞둔 모세의 아버지 그리고 그 어머니와 누이 그때 그들의 상황을 헤아려 본다면, 비참하고 힘들다 여겨졌던 지금 내 형편이 좀 더 나아 보이지 않을까?

경제 한파 이후 자살소동이나 예기치 못했던 범죄 사건들, 여기저기서 죽겠다고 아우성들이다. 그 사건들의 전후 사정들을 들어보면 하나같이 정말 피할 길 없는 기막힌 사정들이 나름대로 있다.

그러나 본문 모세의 가정도 지금 우리 입장으로 볼 때, 그 어느 가정보다 어려운 상황에 처해 있었다. 그들도 극단적인 생각은 물론 별궁리를 다 했을 것이다. 그러나 최종적으로 하나님 뜻에 맡기고 아이를 바구니에 넣어 강물에 띄워 보냈던 것이다. 아들을 대신해서 죽고 싶은 생각도 간절했지만 살리시든지 죽이시든지 하나님 뜻에 의지했을 때 바로의 딸 공주를 예비하셔서 양아들 삼게 하시고 아들을 잃고 퉁퉁 불은 젖가슴을 움켜잡고 울부짖으며 비탄에 젖어 있어야 할 어머니를 그 아이의 유모로 불러 가게 하셔서 보장받으며 내 손으로 그 아이를 키울 수 있는 축복을 받게 되었던 것이다.

지금은 나라 살림도 어렵고 교회들도, 가정살림도 모두 힘겹다고 한다. 나도 이렇게 어려운 때 누구를 돌아보며 어떻게 살겠느냐고 하겠지만, 여건이 충분할 때 남을 돕는 것도 좋지만 지금 이럴 때 절망과 실의에 빠진 이웃들에게, '희망' 이라고는 바늘구멍만 한 것도 안 보이는 이들에게 조금만 아주 조그마한 희망이라도 주면서 살아야 한다. 좋은 위로의 '말 한마디' 도 좋고 '동전 한 잎' 이라도 좋은 것이다. 또 우리에게는 더없이 귀중한 것을 줄 수 있는 믿음이 있지 않은가.

양심을 깨우는 소리

딸에게 잠자리 기도를 마치고 일거리를 펼치는 나에게 "엄마! 또 일을 시작할 거야! 엄마는 도대체 언제 철이 들거예요?"라던 딸이, 오늘은 지난번 교회당 마지막 임대료를 내고 나오는 길에 하는 말이 "엄마! 우리는 언제까지 이렇게 얻어먹고만 살아요. 다음엔 우리가 무엇이라도 사 가지고 가면 좋겠다. 돈이 없으면 냉장고에 있는 우유 한 개라도…."

어른인지 아이인지. 가끔 날 당혹하게 만드는 재주가 있는 아이다.

"찬미야! 주인집 아주머니는 우리가 갈 때마다 매번 요구르트를 우리에게 주시지만 우리는 50여만 원이 다 되는 돈뭉치를 매달 그것도 3년씩이나 드리고 있단다"라는 변명을 받아들일 것 같지 않아, "그래! 다음엔 뭐라도 꼭 사가지고 가자"라고 약속했다.

엄마가 양심의 분별력이 무디어지거나 잠든 것 같다 싶으면 내 양심의 귓전에서 심장이 터질 것 같은 큰소리로 마구 흔들어 깨워주는 사랑스러운 아이다.

사랑하는 내 딸에게서 양심이 찔리는 소리를 들어도, 어떤 말이고 예쁘고 귀엽다. 그때마다 자신을 점검하는 유익한 기회로 삼는다. 그런데 다른 이들에게서 별 대수롭지 않은 조그마한 권면이라도 듣는다면 대부분 나는 금방 절제하기 어려울 정도로 서운한 감이 들며, 방어 태세를 취한다. 역시 하나님이 날 사랑하는 줄 몰랐을 때도 그분의 말씀과 믿음의 권면들이 무척 싫었고, 사설로만 들렸다. 그러나 하나님께서 독생자 아들까지 나를 대신하여 죽게 하시면서 사랑하신 그 은혜를 깨닫고 나서 내가 진정으로 그분을 소중히 여기며 사랑하게 되니, 주님께서 언제까지고 훈계하고 권면하며 내 양심을 울려 준다 해도 난 기쁠 것이다.

자식은 부모의 거울이라 더니, 딸의 모습 속에서 내 생활을 발견할 때가 많다. 어느 땐 "엄마! ○○집사님 댁은 어떻게 살까? 이사했을까? 비가 오는 날이면, 성도들이 교회 나올 수 있을까?" 하며 어른처럼 말하기도 하지만, 소풍 갈 때 간식을 많이 사고 싶을 때면, "엄마 난 전번에도 얻어먹었는데, 또 얻어먹으란 말이에요" 하며 은근히 강요하기도 한다.

며칠 전에는 이런 일도 있었다. 교회를 이전해야만 되어서 구옥 한 채를 사서 다시 지으려고 철거 중이었는데 이 모습을 본 우리 딸 우리 교회 다 망가뜨렸다며 아빠가 목사님이니까 책임지라고 엉엉 울며 떼를 쓰기도 했다. 억지를 쓸 때 보면 분명히 6살 수준인데, 어쩌면 그렇게 조그마한 가슴에서 깊이 숨겨진 엄마의 속마음을 파헤친단 말인가, 그래! 엄마는 아직 철이 들려면 멀었다. 그래서 가끔은 엉뚱한 짓도 하고 투정도 불리고 싶단다. 그러니 저 천국 가는 날까지 너의 작은 가슴으로 무감각해 가는 내 양심에 활력소가 되어다오.

행위 예술?

지난가을은 유난히도 일교차가 심했던 것 같다. 그래서인지 주변에 드러나는 삶의 모습들도 엄청난 변화를 보여주고 있다. 혼자 겪는 IMF도 아닌데, 두 달이 넘도록 전도용 회지 한 권을 못 만들어 내고 있다. 물론 지난 호 인쇄비 등을 지급하지 못한 이유도 있지만, 게으름이 아니면 쓸데없는 일에 바쁘다는 핑계일 것이다. 아니 또 다른 이유가 있다면 글은 내 마음의 생각이요, 인격인데 행동과 일치하려다 보니 더 무겁고 힘이 들기 때문이다. 하나님 말씀을 전할 때는 언제 어디서든지 확신에 차, 소신 있게 기쁜 마음으로 증거 하게 되는데, 그 어떤 비슷한 글이나 이야기를 할라치면 머뭇거려진다. 하나님 말씀은 내 생명을 받쳐서라도 진리인 것을 보장할 수 있지만, 그 어떤 인간의 말이나 생각들은 믿을 수 없기 때문일 것이다.

가을에 접어들면서 예술에 문외한인 내게 각종 예술제에 참여할 수 있는 아주 좋은 기회가 많았다. 온 힘을 다해 창출해 내는 그분들의 창작 활동에 상상을 초월할 정도의 많은 감명을 받았다. 그건 내가 어떤 전문성이나 조회가 있어서가 아니라 그분들의 그림 혹 찬양 그 어떤 활동 내면에 비추어진 고통과 고뇌를 머금은 채 진실한 삶의 모습을 엿볼 수 있었기 때문이다. 그 가운데 가장 오랫동안 기억되어 남는 것은 행위 미술이다. 작가가 표현하고 싶은 것을 자신의 몸으로 행동으로 표현하는 것인데, 아쉬운 점이 있다면 그 방면에 조회가 깊지 않은 사람들은 쉽게 접할 기회가 없다. 그런데 우리 주변에서도 잘 돌아보면 그 어떤 행위 미술보다 더 진솔한 삶의 행위들을 찾아내 훌륭한 예술로 승화시킬 수도 있다는 생각이 든다.

그 한 예를 들자면, 우리 에벤에셀교회 건축을 위해 택시비를 절약해서 1만 원 헌금을 하려고 열차사고로 팔다리가 거의 절단되고 남아 사용할 수 있는 신체 다리 한쪽을 가지고 휠체어를 밀며 주일예배를 위해 새벽 1~2시에 집을 나서서, 괴물처럼 달려드는 차들을 피하거나 술주정뱅이를 피해 아스팔트 위를 4~5시간씩 달리는 그분 자신이 바로 위대한 행위예술인 아닌가 싶다.

또 다른 행위 예술을 소개하자면 무척 많다.

가게에서 제일 큰 과일 몇 개 사 들고 어느 댁에 심방을 끝내고 큰길로 막 나오는데, 그 집 할머니, 가슴에 뭔가를 끌어안고 버선발로 한참을 뛰어나오시며 "사모님! 이렇게 크고 좋은 과일을 내가 무슨 염치로 어떻게 다 먹어요, 아이들 주세요!" 하면서 그 중 제일 큰 배를 한 개 골라 다 주시는 할머니의 행복한 모습.

또 양손이 없어도 봉사자의 손을 빌려서 담은 고추장 한 그릇을, 장애인 성도들 식사할 때 주고 싶다며 사모님이 지나갈 때를 손꼽아 기다리며 몇 번이고 쭈뼛거리시던 집사님.

또 시골 냄새(?) 지독히 나는 어느 장애인 집에서 차려준 음식 앞에 심방 대원으로 참여해 꾹꾹 참아내며 싫은 내색하지 않고 의젓하게 먹어주던 우리 딸아이, 돌아오는 길에 '엄마도 힘들었지?' 하며 미소 짓는 딸아이의 해맑은 모습,

또 장애인을 대환영하는 교회가 이사 왔다며, 전신 근육에 힘이 빠지는 관계근육디스트로로 시간마다 참여하려면 혼자서 옷 입고 운동화 신고 휠체어까지 오르는데 만도 한 시간이 족히 걸리지만, 오직 나의 구원자는 예수님뿐이라 고백하며 더 이상 근육에 힘이 빠지지 않도록 소원하는 애기 엄마 안○○ 자매, 이런 진솔한 삶의 행위야말로 그 누구도 흉내 낼 수 없는 독창성 있고 내용 가득 찬 행위 예술이 아닐까?

알아서 해

여보! 와이셔츠는 어떤 걸로 드릴까요? 알아서 해요.
타이는 어떤 거로요? 알아서 줘요.

마실 거 드려요? 알아서 해요.

애들아! 간식 어떤 것으로 줄까? 알아서요.

반찬은 무엇을 할까? 알아서 해요.

내가 제일 어려운 것은 '알아서 하는 것' 이다. 그래서 식구들에게 무엇을 물어볼 때마다 정확하게 말해 달라고 한다. 왜냐하면, 뭐든지 내가 알아서 주거나 해주면 아주 편할 것 같은데, 알아서 주라고 해서 내가 알아서 하면 꼭 "다른 것 없어, 이것뿐이야"하고 다른 것을 선택하거나 다른 메뉴를 찾는다.

그뿐 아니다. 교회에서도 집사님들에게 "반찬 메뉴는 무엇으로 할까요? 또 어느 날이 좋은가요?"라고 물어보면 "목사님이 알아서 하세요. 사모님이 알아서 하세요. 해놓고 꼭 저게 더 싼 데, 저게 더 맛있는데, 이 날이 더 좋은데…"라고 말하며 그냥 넘어가는 법이 없다. 집에서나 교회에서나 '알아서 해' 는 부담 없는 것 같지만, 실상은 참 어렵다.

그런데 사람들만 그런 것이 아니라 하나님께서도 그러신다. 어느 날 부르셔서 소명을 받았더니 여러모로 훈련을 거듭거듭 시키시더니 사명을 주신다.

"오직 성령이 너희에게 임하시면 너희가 권능을 받고 예루살렘과 온 유대와 사마리아 땅끝까지 이르러 내 증인이 되리라 하시니라"행1:8 "그러므로 너희는 가서 모든 족속으로 제자를 삼아 아버지와 아들과 성령의 이름으로 세례를 주고, 내가 너희에게 분부한 모든 것을 가르쳐 지키게 하라 볼지어다 내가 세상 끝 날까지 너희와 항상 함께 있으리라 하시니라"마28:19~20 "항상 기뻐하라, 쉬지 말고 기도하라, 범사에 감사하라 이는 그리스도 예수 안에서 너희를 향하신 하나님의 뜻이니라"살전5:16~18

또 "남에게 대접을 받고자 하는 대로 너희도 남을 대접하라"마7:12등 많은 말씀을 주셨다. 그런데 그다음은 내가 알아서 해야 한다.

그리고 마지막 날, 주님께서 마태복음 25장에 보면 슬기로운 다섯 처녀만 데려가신다. 또 달란트를 잘 남겨야 잘했다고 칭찬하시지 잘 못하면 "이 악하고 게으른 종아" 하시며 내치신다. 그뿐이 아니다. 내가 기억지도 못하는 일로 네가 나를 입히고 먹였고, 또는 내가 벗었을 때, 배고플 때 공궤 하지 않았다고 영생에 영벌에 가게 하신다. 또 그분이 오셔서 분별할 때 양은 오른편에 염소는 왼편에 두시고 복 받을 자를 가리신다.

우리 가족에게나 성도들에게나 주님께도 '알아서 하라' 는 말이 제일 어렵고 두렵다!

그래서 오늘도 기도한다. "주님! 전 미련하고 지혜가 없고 능력이 없어서, 알아서 못해요. 매 순간 자세히 일러 주시고 지혜도 능력도 주세요!"라고 기도하며 내게 맡기신 달란트를 땅속에 묻어 두지 않으려고 온 힘을 다하려 한다.

병원에서 휠체어 장애인 두 분을 만나신 적이 있나요?

병원선교 시작한 지 꼭 10년이다. 같은 해 시작된 장애인 선교사역도 같은 나이를 먹었고, 우리 큰아들 찬양이도 똑같은 나이를 먹어간다. 10년이면 강산도 변한다는 말이 있지만 10여 년 동안 줄곧 달려온 사역은 변함이 없이 진행됐다. 주님의 강력한 채찍과 다른 것은 다 포기하고 잃는 다 해도 주님만을 사랑하겠다는 몸부림과 주님이 이 세상에서 나만을 사랑하는 것 같은 감동 깊은 사랑의 확신들이 주님을 향한 괘도에서 이탈되지 못하도록 인도되었음을 고백하며 모든 영광 그분께만 돌리고 싶다.

또 개인적으로 우리를 알고 지내며 아끼고 사랑해주며 부족한 부분들을 채워주시는 소중한 분들의 영향도 잊을 수 없다.

그런데 그동안 많이 성장해서 두려움이 사라진 줄 알았는데, 오늘 병원 선교를 나서는 내 발걸음은 어린아이의 티를 벗지 못한 둔탁한 몸짓으로 병실문을 열고 들어섰다. 오만가지의 생각들이 내 영육을 짓눌러 두렵고 떨려 주눅이 든 것 같다. 주로 우리가 방문하는 병실은 장기입원 환우들이다. 치료하기 어려운 병 아니면, 중증사고환자. 간혹 의료사고 환자 혹은 치료가 끝나도 영구 장애인이 될 환우들…. 오늘도 어떻게 저들의 마음을 열지 두렵다.

그래도 이것이 내 사명이라면 해야지 하고 또 시작한다.

내게는 아무런 재주도 능력도 없다. 하지만, 때가 되면 주님께서 역사 하시리라 믿기 때문에 계속되고 있는 것이다.

구세주 예수님을 잠깐 잊고 살다가 병원 침대를 통해 다시 믿기로 하신 분,

아무리 기도해도 완쾌되지 않아 다시 병원을 찾았노라 하시는 분,

아무것도 안 믿었지만, 이제는 뭐라도 믿고 싶다 하시는 분,

이제 더 잘 믿어야지 하시는 분,

침상에 누워보니 이렇게 할 일이 많을 줄 몰랐다는 분,

또 어떤 분은 자기가 전도할 대상자가 병원에 입원하게 되었다며 병실호수를 알려주며 대신 전도하기를 요청해 오기도 한다.

요런 저런 상황으로 타임을 맞추어 우리 전도팀을 사용하신 하나님께 감사드리지 않을 수 없다.

목을 다쳐 전신마비가 되신 김인희 장로님, 척추를 다쳐 하반신마비가 되신 김종군 목사님이시다. 이 두 분을 소망을 잃은 환자들에게 소개하면 한결같이 하시는 말씀들이 "저 두 분처럼 휠체어라도 타고 다닐 수 있다면 소원이 없겠다"라며 부러운 눈물을 짓기도 하신다.

어느 날 우리 부부는 암 말기 환자를 위해 방문을 하려고 하는데 사과 한 알 살 돈이 없었다. 그래도 가야 할 것 같아서 겨우 전철 표만 사 가지고 휠체어를 밀고 상계동 어느 병원을 찾은 적이 있었다.

그날따라 얼마나 춥고 매서웠던지, 그뿐인가 그때만 해도 전철에 거의 리프트 시설이 없어 휠체어로 계단을 네다섯 번씩 오르내리며 찬바람만 잔뜩 담아 들고 우리 부부가 병원에 도착했을 때, 그녀는 침상에 누워 황당하게 우리를 맞이했다.

이 추운 날 전철을 갈아타며, 휠체어 장애인과 만삭이 된 부부가 잘 알지도 못하는 나를 위해 "죽기 전 꼭 예수 믿어라"는 그 말 한마디를 전하려고 찾아온 우리를 그녀는 진지하게 맞이했다.

그리고 오는 길에 그녀는 베게 밑에 숨겨둔 비상금을 쥐여주며 열심히 살라고 오히려 우리를 위로했다.

처음이자 마지막으로 주님을 위해 드렸을 물질이었을지도, 천국에 들어갔을지도, 지금 우리는 아무것도 모른다.

다만, 우리는 꼭 해야 할 일이기에 해야 한다는 생각뿐이다.

죽음에서 부활의 영광으로

IMF가 회복되어 간다고 하지만 아직 우리 주변에는 경제로 말미암아 연출되는 상황들이 더 심각해 가는 것 같다. 우리 선교회도 지난 1월 후원금이 ⅓정도로 줄어 비상대책을 세우느라 이리저리 뛰었지만 이건 아무것도 아니었다. 요즈음은 거의 모든 상담요인이 경제적인 문제에서 오는 것들이다. '별거해야겠다', '나라도 살려면 이혼할 수밖에 없다', '보증인을 못 구하면 끝장이다' 또는 강요하듯 취직을 부탁하는 분, 구인정보를 위해 몇 달째 계속 신문을 챙겨달라는 분, 만날 때마다 기도 제목을 주며 절실하게 중보기도를 요청하는 분, 기회 있을 때마다 구제를 요구하는 분, 그리고 병원비가 겁이나 산소통을 이용하지 못해 숨을 헐떡거리며 눕지도 못하고 앉아서 긴긴밤을 악몽처럼 보내야 하는 분 등등.

이런 분들이 가진 조건과 형편들을 아무리 살펴도 대부분 헤어날 방도를 찾을 수가 없다.

'돈, 돈, 그놈의 돈 때문에' 하는 이들 앞에 내 능력으로 해결할 수 있는 한도는 고작 해야 돈 몇 푼 아니면 말상대가 되어 주는 것뿐이다. 벼랑 끝에 서 있는 그들에게 시간이 해결하겠지요! 기도하며 기다립시다! 라는 등 궁색한 변명으로는 아무런 위로도, 도움도 되지 못할 때가 많다.

그러나 전혀 소망이 없는 것은 아니라고 확신 있게 해주고 싶은 말은 있다. 사람들이 해결할 수 있는 최대한의 갖가지 방법을 다 동원해도 안 될 때, 우리가 다 포기했을 때, '하나님의 뜻대로 하옵소서' 하는 고백이 터질 때, 분명히 하나님의 방법으로 길을 열어주신다는 것이다. 하나님의 자녀들에게는 이유 없는 고난보다는 이유 있는 고난일 때가 더 많다고 본다.

IMF 이후 망할 기업은 속히 망해야 한다는 말이 있듯이 하나님의 자녀가 잘못된 세상의 방법대로 살았다면 속히 구조 조정을 해야 한다. 철저히 무너지고 망해야 하나님의 방법으로 다시 세워질 수 있다. 필자도 망해야 할 때가 수없이 많이 있었다. 그것도 2번은 아주 철저히 완전히 망해야 했던 적이 있었다. 그때는 온전히 주님 안에 거하지 못할 때였고, 또 한 번은 하나님의 사명을 알면서도 결정하지 못해 지지부진했을 때였다. 포기하고 망해야 다시 산다는 것을 알고 있었지만, 그러기가 쉽진 않았다. 그 결과 오랫동안 많은 산고의 고통을 겪어야 했고, 많은 날 동안 쌓아온 노하우를 완전히 포기하며 망하기를 기도해야 했고, 결국 암흑 속으로 돌입 되면서 철저히 아프고 고통스러워야 했었다. 나도 모르게 쌓았던 바벨탑이 일순간 무너져 내리면서 다 포기 상태로 변해간다.

성경 요나서를 보면 요나가 고기 뱃속 같은 암흑 속의 파산 속에서도 구원의 손길을 잡고 진액을 내는 철저한 순종을 고백했기에 절체절명의 위기 속에서도 승리의 기쁨을 만끽할 수 있었으며, 또다시 부활의 영광도 얻게 될 수 있듯이, 내 고난은 이유 있는 고난이었고 완전히 구조 조정을 했을 때 이전보다 더 큰 감사와 기쁨과 축복 속에 거할 수 있게 되었다.

주님이 겟세마네 동산에서 기도 후, 잡혀가시면서부터 십자가의 죽음까지 겪게 되는 칠흑 같은 고난의 늪을 바라보는 사탄은 승리의 개가를 불렀지만, 곧바로 이어지는 부활의 큰 영광 앞에 모든 어둠의 권세를 제압시켰듯이, 이전의 고통과 어둠은 기억조차 할 수 없으리만큼, 밝고 환한 기쁨의 환희를 맞이할 수 있듯이, 기왕에 내가 겪어야 할 고통이라면 철저히 그분의 뜻에 맡기시고 순종하십시오! 주님과 함께 겪으십시오. 슬기롭고 지혜롭게 극복하셔서 속히 부활의 기쁨을 같이 나눌 수 있기를 빕니다.

장애인도 귀한 1명의 성도이다

우리나라에 장애인의 날이 생긴 것은 1981년 4월 20일이고 장애인 주일이 교회에서 지키기 시작한 것은 1988년이다. 10여 년이 넘은 지금, 우리 교회들이 소외되고 불편한 이들을 위해 얼마나 세심한 관심을 가지고 힘써왔나? 성경 사복음서에서 예수님이 소외되고 병든 이들에게 베푸는 많은 사건을 잘 따라 행하고 있는지를 이날을 빌어서 한 번쯤 짚어 봐야 하지 않겠는가!

몇 주 전 주일날이었다. 어느 교회에서 우리 교회를 찾아와, 장애인을 전도했는데, 우리 교회는 조건이 안 되고 여기가 장애인 교회니 데려가라며 일방적인 통보를 하는 거였다.

또 얼마 전에는 우리 교회 나온 정상인에게 왜 건강한 사람이 장애인 교회를 가느냐며 자기네 교회로 데려가는 성도도 있었다. 이런 일을 겪을 때마다 어디서부터 잘못되었는지 교회들이, 지도자들이 깊이 반성해볼 문제이다.

왜 장애인교회, 정상인 교회로 구분 지어야 하는가? 건강한 당신들은 말끔히 차려입고 성경책 끼고 주일이면 봉사자가 부족해 동분서주하는 우리 교회 문을 배꼼 열고는 "사모님!" 혹은 "선생님!" 하며 자기 가족 "○○가 혼자 집에 있으니 빨리 좀 데려가세요"라며 사라진다.

장애인 목회자 둘에다 건강한 사람 두 명이 차 운행하랴, 이 사람 저 사람 챙겨서 데려오랴, 아동부 예배드리랴, 아무튼 주일 아침은 무척 바쁘다. 예배시간이 임박해서야 조금 전 부탁 받은 ○○집에 달려가다 보니, 신음 섞인 괴성이 들려, 빠른 걸음을 재촉해 얼른 문을 열고 보니 봉사자를 기다리며 앉아 있다가 잘못 쓰러져 팔이 몸에 눌려 일어나지 못하는 긴박한 상황이었다. 그 봉사자는 잠시나마 조금 전 다녀간 그 성도를 미워했다는 것을 자책하며 자신이 늦게 가서 그 장애인이 큰일을 당할 뻔했다며 무척 미안해하는 모습이다.

장애인의 날 하루라도, 장애인 주일 하루라도, 4월 한 달이라도 장애인들이 어느 교회라도 부담 없이 갈 수 있도록 길을 만들어 줍시다!

장애인 선교는 개인이 하는 것보다 교회가 책임지고 해야 할 과제입니다.

무더운 여름을 잘 나려면

"나의 형제 · 자매 여러분, 여러분은 영광의 우리 주 예수 그리스도를 믿고 있으니, 사람을 차별하여 대하지 마십시오." 이를테면 여러분의 회당에 화려한 옷을 입은 사람이 금가락지를 끼고 들어오고, 또 남루한 옷을 입은 가난한 사람도 들어온다고 합시다. 여러분이 화려한 옷차림을 한 사람에게는 특별한 호의를 보이면서 "여기 좋은 자리에 앉으십시오" 하고 가난한 사람에게는 "당신은 거기에 서 있든지, 나의 발치에 앉든지 하시오" 하고 말하면, 바로 여러분은 서로서로 차별을 하고 나쁜 생각으로 남을 판단하는 사람이 된 것이 아니고 무엇이겠습니까? 야고보서4:1~4

얼마 전 남편에게 중고 휠체어지만 수입품으로 아주 좋은 것을 선물로 받게 되어 좀 고쳐서 타려고 특수 용접하는 곳을 찾아 문래동 골목 여기저기를 돌아다니게 되었다. 한 가게에 들렸더니 귀찮다는 듯이 바빠서 못하겠다고 한마디로 딱 잘라서 말하는 사람이 있었다. 한 곳에서는 친절히 상담에 응해주었고 며칠 후 찾으러 갔더니 성심껏 수리해 아주 튼튼하고 편하게 만들어 주며 "돈은 그만두시고 다음에 이상이 생기면 또 오십시오" 하는 분도 계셨다.

이 세상에는 남에게 피해를 주거나 절망하게 하는 사람도 있지만, 서로 힘을 나누어지려 하고 더불어 함께 하며, 남을 사랑하고 배려할 줄 알고, 실제 그렇게 네 이웃을 네 몸같이 사랑하라는 주님의 법을 지키려고 노력하며 사는 사람이 훨씬 많은 것 같다.

요즘 들어서 예배실 안이 비좁아 몸이 부자유스러운 성도들과 휠체어를 탄 사람들 간에 서로 많이 부딪친다. 여름이 가까워지면서 아직 6월인데도 고온현상이 기승을 부리고 거기다 장마까지 겹쳐서 사람들이 저기압 상태로 조그마한 일에도 짜증을 내거나 시비가 붙는다. 이럴 때일수록 모든 사람과 더불어 화평하게 지내고 거룩하게 살기를 힘써야 한다.

"거룩해지지 않고서는 아무도 주님을 뵙지 못할 것입니다. 여러분은 하나님의 은혜에서 떨어져 나가는 사람이 아무도 없도록 주의하십시오. 또 쓴 뿌리가 돋아나서 괴롭게 하고, 그것으로 많은 사람이 더러워지는 일이 없도록 주의하십시오" 히브리서 12:14~15

5월의 신랑 · 신부에게

토요일 오후 딸아이와 함께 잘 알고 지내던 분의 결혼식에 참여하게 되었다.

강서구에 있는 모 예식장인데, 이제 막 초등학교 들어간 딸아이도 그곳을 지날 때마다 "엄마 나 저기서 공주처럼 결혼하고 싶어" 하던 곳이다. 지금까지 여기저기 결혼식을 참여하면서 깜짝깜짝 놀란 적이 많다. 고급호텔 유명인의 결혼식에도, 화려한 야외 결혼식에도, 가족 끼리만 참여한 조촐한 결혼식에도 가본 적이 있다. 나름대로 특이하고 개성 있는 행복의 출발선이었다. 그런데 오늘 식장에서는 10여 년 전 내가 결혼할 때와는 비교도 안 되는 지금껏 경험하지 못한 특별한 감회가 길게 느껴지는 곳이다.

신랑·신부가 대기실에서 구름 위를 나르는 듯 웨딩카를 타고 오색 비누 방울에 휩싸여 행복이 막 부풀어 올라 두둥실 떠가는 듯한 분위기를 연출하는 것이, 마치 선남선녀가 온 천하의 행복을 모두다 소유한 듯하다. 그뿐인가 신랑·신부가 손을 꼬옥 잡고 주례사 앞으로 당당하게 행진하는 모습은 꿈에 본 듯한, 아니 만화영화에서 나오는 요정들이 사는 궁전에서의 왕자나 공주 같았다고나 할까? 우리 모녀뿐 아니라 그때 참여한 모든 내빈도 그 짧은 순간이나마 각박한 자신들의 처지를 잃어버리고 더불어 행복했으리라 본다.

그뿐 아니라 그날 주례 말씀도 서로 사랑과 용서를 권면하는 말씀으로, 상투적인 언어 표현 없이 흠잡을 수 없으리만큼 아주 매끈하게 잘 마무리 지었다. 마지막 순서로 케익커팅 순서까지, 딸아이는 가지고 다니는 다이어리에 빠짐없이 메모하면서 미래에 있을 행복을 미리 경험해 보는 것 같았다. 고작 30분도 안 되는 짧은 순간이지만 검은 머리가 파뿌리 되도록 오늘의 행복이 이어지기를 소원하는 테이프를 보다 멋지고 화려하게 출발하고 싶어 하는 것이 누구나의 염원일 것이다.

우리 가족은 공항 근처로 이사 온 후로 주말이면 신혼여행 떠나는 행렬의 차들을 자주 본다. 지난주 오후에는 조수석에 앉아 달리는 차들을 무심코 세어보니 평균 네다섯 대마다 신랑·신부가 타는 차였다. 대부분 차가 이벤트 회사에서 준비했는지 승용차 외부를 오색테이프로 혹은 스티커와 리본으로 또 멋진 풍선들로 주인공들을 위해 아름답게 장식돼 들러리 역할을 충분히 감당하며 신랑·신부들이 탄 차량인 것을 한눈에 알려주었다.

그런데 아침 일찍부터 장식된 것들이라 모든 행사를 치르고 김포공항까지 달려오다 보면 개중에는 바람 빠진 풍선들이 하나둘씩 매달려 있고 오색리본 끈이나 스티커들이 반쯤 떨어져 펄럭이거나 땅에 질질 끌리는 차들도 있다.

그런 차들의 뒤꽁무니를 바라보면서 우리 부부는 '앞으로 긴 세월을 사노라면 떨어지고, 구겨지고, 낡아지는 것이 우리네 삶'이라고 그들에게 소리 없는 메시지를 날려 보낸다.

그렇다. 아무리 아름답게 장식됐다 하더라도 오래 달리다 보면 떨어지게 된다. 잠시 쉬어서 다시 붙이고 바람을 넣고 점검하지 않으면 보기 흉해진다. 또한, 아무리 환상적으로 행복한 출발을 했을지라도 시간이 지나고 환경이 바뀌면 이와 같아질 수 있다.

성경 요한복음 2장에 '가나의 혼인 잔치'에 보면 포도주가 떨어져 잔치 중단 위기에 처하게 된다. 잔치 분위기가 끝날 수밖에 없을 때에 예수님이 해결해 주셨듯이 행복한 신혼생활을 계속 유지하려면 꼭 주님이 필요하다. 이 땅에서의 삶은 언제고 중단되거나 깨어질 가능성이 있다. 포도주가 떨어질 때가 있다. 물을 포도주로 변화시킬 수 있는 능력의 예수님으로 순간순간 보충해서 멋있고 화려하게 출발했던 신혼의 행복을 계속 유지하도록, 오월의 신랑 신부들에게 축사해주고 싶다.

핸드폰

　여기저기서 시도 때도 없이 터지는 핸드폰의 공해 때문에 웃지 못할 해프닝이 벌어지거나 골머리를 앓는 사람들이 많아지고 있다. 그러나 그건 우리가 잘 사용하지 못해서 생기는 문제들이지, 만든 의도는 분명히 편리하도록 만들어졌을 것이다.

　우리 부부가 핸드폰을 사용하기 시작한 것은 장거리 외출 중에 교회 성도가 초상이 났는데 연락을 못 받아 낭패를 당한 적이 있은 뒤부터 사용하기 시작했다. 그 후 참으로 요긴하게 잘 사용하고 있다. 어느 때는 한 명의 충실한 비서 역할 이상으로 잘 사용되기도 한다. 얼마 전 고속도로에서 타이어 터져 파스가 났을 때도 당황하지 않고 신속하게 연락해 처리할 수 있었다. 그뿐인가 초등학교 들어간 딸아이가 엄마가 집을 비울 때마다 언제든지 핸드폰으로 전화를 해서 엄마의 조언을 구한다. 손님이 찾아왔을 때나, 과제물을 처리해야 할 때나, 식사 해결 문제라든지…. 나는 일을 보면서도 지금 누구랑 놀고 있는지 세세한 것까지 보고를 받거나 또 지시를 한다.

　그런데 지난번에는 일이 늦어져 저녁까지 못 들어가게 되었는데, 아이들에게서 전혀 연락이 없다. 집으로 아무리 전화를 해도 받질 않는다. 혹시 이런저런 불길한 생각이 떠올랐다. 당장 달려갈 수 있는 거리도 아니고, 또 간다 해도 가는 동안 겪는 심적 고통은 얼마나 클 것인가, 가더라도 상황을 좀 알고 가야 하지 싶어 이리저리 뒤적이다가 옆집전화를 찾아 걸었더니, 열쇠가 없어 못 들어가고 문 앞에 쭈그리고 앉아 있다는 것이다.

　'아차! 내 건망증이 아이들이 열쇠를 가지고 다니는 실린더를 잠가

야 하는데 보조키를 잠갔으니….'

꾀죄죄한 얼굴로 기쁨 반 원망 반 "엄마! 엄마가 책임져" 하며 달려들 아이를 어떻게 위로할까? 하며 열심히 달려 집에 당도해 보니 예상대로 눈물로 얼룩져 고양이 얼굴을 해 가지고 아파트 복도에서 가방을 펼쳐놓고 책을 뒤적이고 있었다. 얼마나 아이들에게 미안했던지,

조금 전 통신이 끊겨 그토록 불안했던 마음은 안개처럼 사라져버렸고, 난, 아이들을 꼬~옥 앉아주며 오래전에 나도 하나님과 통신이 두절된 상태로 불안해 떨면서 살았던 시절을 떠올리게 되었다. 주님과 두절된 상태는 정말 상상하기도 싫다. 그러다가 어느 날 단절의 상태에서 다시 하나님과 연결이 되었을 때의 기쁨이 지금 엄마를 만난 이 아이들과의 기쁨과 같을 것이다. 어디를 가든지 늘 주님과 통화하며 조언을 듣고 또 내가 하는 일들을 보고도 한다면 얼마나 마음이 든든하겠는가, 하루 아니 단 몇 시간이었지만 딸아이와 통신이 끊겼을 때 얼마나 불안했었는지, 자식을 둔 부모들만이 이해가 될 것이다. 그런데 우리는 하나님과 통신이 두절된 상태로 온종일 아니 이틀 사흘씩 아니 그보다 더 오래 끊어졌는데도 감지하지 못하고 지나는 사람들이 많다. 정말 그렇다면 큰일이다. 스위치를 껐는지 아니면 그 어떤 문제가 발생하였는지 속히 하나님께 SOS를 쳐서 그 어떤 것보다 영적 핸드폰 긴급 보수에 나서야 한다.

바자회를 열면서

풍요로운 결실의 계절을 맞이하여 모두 기뻐해야 하는데 얼마 전 내

린 호우 때문에 농작물 피해가 심하다고 한다. 이럴 때 영적인 열매라도 잘 맺혀졌다면 많은 위로가 되었을 텐데.

교회당 이전을 하고 교회 개척 몇 년 만에 처음으로 외부교사 지원 없이 아동부 여름 성경학교를 치렀고, 중증 장애인을 포함한 장년부 수련회와 장애인 부부세미나가 있었다.

많은 분이 협력해 주셔서 큰 힘이 되었다.

교회 자체 건축 헌금이 전혀 없다. 그래도 감사한 것은 외가·친가 형제들이 10명이 훨씬 넘다 보니 많은 도움이 된다. 또 봉사 오시는 분들이 한푼 두푼 모이는 것으로 IMF 어려운 시기에 성전을 옮길 수 있었다. 작년 7월 교회당 이전예배를 드리고 부채를 갚을 수가 없어서 그 방안 책으로 또 바자회를 열려고 준비하는 중이다. 지난 1월 바자회 때 많은 분이 물품을 보내주시고 또 찾아주셔서 500만 원 정도 갚게 되었다. 이번에도 부채 마감 기한이 된 금액을 얼마라도 갚을 수 있기를 간절히 기도한다.

내적 치유

완치되지 않고 고질병으로 남은 내면적인 상처로 말미암아 지도자가 된 상태에서도 편견이나 자기감정에 사로잡혀 판단력을 잃기 쉬울 뿐더러 정서적으로 안정되지 않아 마음의 평정을 얻기가 어려워 참다운 지도자가 될 수 없다.

그런데 상처 대부분은 사람들을 통해 받기 때문에 좋은 상담자를 찾기가 어렵다.

내 경우가 바로 그런 경우라 할 수 있겠다. 상처를 준 사람들을 믿고 신뢰하며 상담하기란 심히 어려웠고, 그렇다고 완벽한 사람을 찾기도 쉽지 않았다. 내가 어린 시절 받았던 상처들은 내성적인 내 성격 탓도 있겠지만, 나이보다 일찍 성숙해 남들보다 앞선 고민을 시작하게 되어서랄까? 원인이 정확하지는 않지만, 오랫동안 두 가지의 상처를 가지고 살고 있다는 것을 발견하게 되었다. 어떤 사람 앞에 가면 주눅이 들어 충분히 일을 감당할 수 있는 데도 하지 못하고 피하게 된다. 어떤 때는 나와 상관이 없는 데도 피해의식을 갖거나 불편스러울 때가 잦고 시간이 가면 갈수록 인간들이 싫고 미워진다는 점이다.

여름이 끝나갈 무렵 장애인단체에서 열리는 세미나에 참석하게 되었다. 강의 내용 중에 평소 내가 듣고 싶어 하던 '내적 치유' 세미나가 있었기 때문에 많은 기대를 하고 참석하게 되었다. 다른 사람들도 그 시간을 기다려 왔고, 또 많은 것을 느껴 쓰리라 본다.

사람들은 대부분이 지나온 과거로 말미암아 내적으로 입은 상처가 있고 그것을 치료받아야 한다는 내용이다. 그 세미나에서 강의하셨던 방법도 아주 좋은 방법인데 나는 내가 치료받았던 방법을 소개하고자 한다.

상처? 누구에게나 있을 수 있고, 반드시 치료받아야 한다고 생각한다. 그중에서도 눈에 보이지 않는 상처는 더욱 그렇다.

상처가 아주 어렸을 적에 받은 것이었겠지만 치료하지 못하고 계속 지내다 보니 또 다른 상처가 유발되고 깊어지게 된 것 같다.

어느 날부터 내 내면의 실체를 들여다보게 되니 감히 거룩하신 주님 앞에 다가갈 수가 없었고, 겉으로는 주의 사역을 감당하면서도 내면은 언제나 위기 상태였다.

많은 기간 고난과 연단은 그칠 줄 몰랐고 내 영혼은 언제나 위기와 갈급함으로 가득 채워져 갔다. 내면의 상처가 치료되지 못하고 심한 염증으로 몸살을 앓게 되자 응급실이라도 달려가고 싶었다.

그런 상태로 있다가는 죽을 것 같았다. 인간들에게서 해결할 수 없고 찾을 수도 없는 중병이라 하나님께 도와주시기를 간곡히 기도하기 시작했다.

나 자신의 문제도 해결하지 못한 중병을 가지고 어떻게 남들을 도와주고 이해할 수 있겠는가? 또 남들을 용서하지 못하고 사랑하지도 못하는데 어떻게 주의 메시지를 전하 수 있을까 하는 것이 기도의 요지였다. 이 외침은 오랫동안 계속 되었다.

이 문제가 해결되지 않고는 목회에 대한 자신감이 생기지 않을 것 같았다. 꼭 치유를 받아야 할 것만 같아서 세부적이고 구체적으로 조근조근 아뢰기도 하고 때로는 울부짖어 가며 아프다고 억울하다고 힘들어 죽을 것 같다고 하나하나 상담을 시작했다. 사람들에게 받은 상처 때문에 소극적이고 부정적이고 입술로는 용서하고 사랑한다고 하지만 내적으로는 미움과 원망과 용서하지 못함으로 가득 차 있기 때문에 평강이 없었다.

어느 땐 공연히 주눅이 들어 잘 계획했던 일들도 소극적으로 끝내거나 망치기도 한다.

이런 나를 고쳐보려고 상담자를 만나 조언을 듣기도 하고, 좋다는 책들을 소개받아 근본적으로 나 자신을 바꿔 보려고 많은 노력을 기울이기도 하고, 말씀을 통해 해결해 보려고 여기저기 기웃거려 보기도 했지만, 이런 노력이 나의 사고방식이나 인격이 성숙되는 것은 약간 도움이 되어 겉은 치료가 되어 가는 듯했다.

하지만, 내면의 상처는 숨겨진 상태 그대로였다. 늘 목마른 상태, 뭔가 해결 받지 못한 상태에서는 기쁨을 얻을 수가 없었다.

그러나 이런 과정 속에서 성장한 영성이 우리의 해결자이시고, 공의로우신 하나님께로 향하게 인도되었고, 적극적으로 매달리며 기도하는 나에게 주님께서 위로자로 상담을 시작하셨다. 그분만이 온전하신 나의 내면의 상처를 치료하실 분임을 뜨거운 마음으로 고백하며 울부짖을 때 주님은 사랑의 은사를 내게 부어 주심으로 10여 년 이상 가슴앓이 해오던 내면의 상처를 일순간에 치료해 주신 것이다.

중풍병자의 친구

두 장애인 목사님께서 강화 상喪가에 다녀오시게 되어 오가는 길에 잡수시라고 오징어를 구워 차에 넣어 드렸는데 오징어 두 마리가 봉지에 담긴 채 그대로 있었다. 두 분 다 오징어를 싫어하시지 않는 것으로 알고 있었기에 이상해서 이유를 물어보니 우리 목사님 하시는 말씀이 "그게 글쎄, 나는 한 손은 핸들 잡아야 하고 한 손은 브레이크 잡느라 바쁘니까 옆에 계신 목사님이 이제나저제나 오징어를 찢어 주실 때만 기다렸는데 그 목사님도 통 안 잡수시더라고, 그런데 말이야, 그 목사님이 차에서 내리신 다음에야 그 이유를 알았지"라고 말씀하시며 멋쩍게 웃고 계셨다.

두 분이 서로 장애인이면서 자기 장애의 불편을 알고 있었지만, 상대의 장애는 안 보였던 것이다. 발을 못 쓰시는 분은 손만으로 운전해야 하니 잡은 운전대를 놓을 수 없었고, 한쪽 팔밖에 없으신 분은 한 손으로 오징어를 찢을 수가 없었던 것이다.

그뿐인가 나도 두 손 두 발을 다 쓰면서 손이 불편한 두 분의 상황을 제대로 볼 수 없는 장애인이었다. 사람들은 모두 장애인이다. 다만, 눈에 보이는 장애인과 보이지 않는 장애인이 있을 뿐이다.

바로 어제도 이런 일이 있었다. 목사인 남편이 조찬 기도회가 있다며 일찍 나가며 아침은 먹고 올거라 하더니 예배만 드리고 그냥 왔다. 식당 앞까지 차로 가서 내려 주기를 기다려도 아무도 안 오고 당신들만 식당으로 들어가기에 그냥 왔다는 것이다.

그래서 예배실에 편의시설이 없는 교회에서 예배가 있는 날은 참석을 잘 안 한다. 한번은 총회라고 꼭 참석하라고 전화도 오고 문자도 계속 들어 오기에 갔다.

휠체어를 탄 채로 2층까지 여러 사람의 도움을 받아가며 올라갔다. 봉사를 해 주시는 분이 "아마 대통령도 이렇게는 안 모셨을 거예요"라며 최고로 대접했음을 은근히 암시하는 것 같았다. "그렇지요. 아마 대통령이 오신다면 교회를 고쳤겠지요. 그런데 우리 교회 성도는 예배 시간마다 이런 대접을 받습니다"라고 말씀드렸다면 또 교만이었겠지요?

장애인들도 장애 형편이 다르면 상대를 이해하는 데 많은 시간이 걸리는데, 두 손과 두 발이 다 제대로 있는 나 같은 사람들이 그들을 이해하기는 더 많은 시간이 걸릴 것이다.

우리 교회 등록한 지 1개월 쯤 되는 집사님은 5년 전 교통사고를 당해 전신마비 장애인이 된 후로 그동안 교회 나가고 싶어도 못 나가다가 어느 목사님 소개로 우리 교회에 등록했는데, 이런 분은 교회 한번 나오려면 침상에서 화장실로 다시 침상에서 챙긴 후 휠체어에서 차로 차에서 휠체어로 내려 예배드리고 집에 갈 때도 똑같은 과정을 겪는다. 이러다 보니 가족이나 봉사자는 이 한 사람을 위해 안거나 업는 횟수가 무려 적게는 5회에서 10회 정도가 된다. 이런 수고를 직접 보거나 겪다 보니 그 가족들을 교회에서만이라도 편히 쉬게 하고 싶지만 건강한 사람은 한정되었기에 우리 교회에서는 아침부터 집에 갈 때까지 봉사자는 쉴 틈이 없다.

우리 교회가 하는 사역은 몸과 마음은 물론이고 재정적으로도 늘 힘들고 지칠 때가 많지만, 소외되고 외로운 이들과 고아와 과부 그리고 병들고 가난한 자들과 이방인들 특히 자기 스스로 자신을 지키고 방어할 능력이 없는 자들을 위해 거룩한 부담을 갖고 돕는 것이 당연하다고 본다. 마가복음 2장 2절에 보면 네 친구가 중풍병자를 침상 채 들고 지붕을 뜯어내고 예수님께 데려오므로 영육을 살리는 기적이 일어난 것처럼 우리 교회들이 중풍병자의 친구가 되어야 하지 않을까?

잠시 동안이라도 쉬면 어떨까요?

밤늦게 어느 분이 부식을 가져다주셔서 부식 전달 서비스에 들어갔다. 별달리 인력이나 대형 냉장고가 있는 것도 아니라서 오늘처럼 밤늦게 전달하는 일이 많다.

또 이 시간이 좋은 이유는 많은 양이 아니라 가정을 선별해서 전달해야 하기 때문에 남의 눈에 띄지 않는 밤이 좋다. 늘 하던 대로 딸아이는 가볍고 가기 쉬운 집을 선정해주며, 당부를 시작하려고 하니, "엄마 오늘은 내가 할게, 인사를 잘할 것, 절대로 집안에 들어가지 말 것 그리고 용돈은 하나도 받아오지 말라는 것이지" 하며 아파트 주차장이 떠나가도록 외워대더니, 어느새 양손에 비닐봉지를 들고 뛰어가고 있었다. 나도 전동 휠체어에 물건을 담아 여기저기 돌아 마지막 집인 교회 옆 자매님 댁에 도착해 보니, 이미 딸애는 와 있었다. 그 집 나이드신 권사님께서 고구마 넣고 쪄낸 빵이라면서 손에 들려주려고 하는 데 찬미는 안 받으려고 내 눈치를 보고 있길래 "찬미야! 할머니께서 주시는 건데 받아!" 했더니 받았다.

둘이 손을 꼭 잡고 빵을 먹으면서 가고 있는데, 찬미가 하는 말이 "엄마! 아까처럼 노인 할머니가 주시면 받아야지" 하는 거였다. "응? 그렇지 받아야지 안 받으면 얼마나 서운하시겠니?" 했더니 "그렇지 엄마! 그래서 나 조금 전에도 5동 할머니가 천 원 주셔서 받았거든, 오빠 반주고 내가 500원만 쓰고 올께" 하더니 슈퍼로 달려간다.

그래라! 나는 너 때문에 피곤이 씻어질 때가 더 많으니까. 아! 행복한 이 밤을 그대는 아는가?

송구영신 예배에 드리는 기도

후원금을 보내주시면서 적게 보낸다고 미안해 어쩔 줄 몰라 하시는 그분께 그 상급이 하늘나라에 기록되어 더 큰 복이 임하게 하시옵소서.

힘들고 어려울 때 찾아와서 상담도 받고 도움을 받으면서 장애인 교회라 망설이는 분들이 계십니다. 그들에게 큰 용기와 믿음 주셔서 헌신봉사하며 믿음 생활할 수 있는 교회를 속히 정하게 하시옵소서.

여러 가지 많은 것으로 공급해 주고 도와주면서도 오히려 우리가 불편해할까 봐 전전긍긍하시며 겸손해하신 그분들께 복 내려 주시옵고 주의 이름으로 베푸신 사랑에 오욕을 입히지 않고 요긴하고 청결하게 사용하게 하시옵소서.

차량봉사나 장애인들의 손발이 되어 봉사하시는 분들이 힘에 겨워 지치거나 포기하지 않도록 언제나 주님 주시는 기쁨으로 재충전되어 감사함으로 충성을 다해 주님께 인정받는 종들이 되게 하시옵소서.

오늘까지 3년째 1년에 딱 한 번씩 교회를 나오시는 분이 계십니다.

장애가 있는 남편과 아들 하나를 두신 분이신데 가정을 이끌어가려고 목욕탕에서 일하십니다. 주일은 물론이고 밤늦게까지 일을 하시는 이유도 있지만, 남편 반대도 심해 마음으로만 하나님을 믿지, 통 교회에 나오지 못하는 분입니다.

송구영신 예배 때만 아들 손을 잡고 나오셔서 축복기도를 받고 가시는 분으로 새해엔 더 많이 예배당을 찾아 믿음생활 할 수 있도록 도와주시옵소서.

새해에도 에벤에셀의 은혜로 함께 하시옵소서.

나의 외침

하나님! 저는 천사가 아닙니다.

하나님! 저는 성인군자도 아닙니다. 저도 쉬고 싶다구요. 모든 것 다 잊어버리고 쉬고 싶다구요!

어려서부터 뭔가 하는 것을 즐겨 하는 편이라 일을 무척 좋아하다 보니 요즈음은, 자가 진단하건대 일중독이 아닌가 싶다.

좀 더 많이 일하려면 지혜롭게 하자. 좀 줄이자. 나누자. 이리저리 짜보지만 내 욕심 탓일까?

오늘도 아침, 점심을 김밥 몇 개로 해결했는데, "저녁때는 제발 국물하고 밥 좀 먹자"는 가족들의 열화와 같은 성화에도 저녁예배를 가야 하기에 단 오 분이라도 눈을 붙여야 한다며 대충 밥상을 차려주고는, 베개 위에 머리를 막 올려놓으려는데 전화벨이 울렸다.

어떤 시각 장애인이 에벤에셀교회를 찾는데, 잠시 후면 큰길 가에 내려 줄 데니 모셔가라는 택시 아저씨의 전화였다. 우리 부부는 약속이나 하듯이 눈으로 같은 말을 주고받았다. '이 추운 겨울날 뭐 하러 또 와, 다녀 간지가 얼마나 되었다고' 벌써 대충 저녁을 끝내신 남편 목사님께서는 "밥상 치우고 천천히 교회로 와요, 내가 모시러 갑니다" 하시면서 전동 휠체어를 타고 나가신다.

문을 열어 드리면서 우리는 또 마음으로 같은 생각을 주고받았다.

"얼마나 갈 데가 없으면 우리 교회까지 오겠어요. 식당에서 배달이라도 해서 저녁을 드시게 해 드립시다."

점심을 늦게 먹었다며 굳이 저녁을 먹지 않겠다고 사양하시기에 매번 드리는 교통비에다 저녁 식사비를 얹어 드리며 차를 태워 보내 드렸다. 저렇게 직업처럼 살아가는 장애인들을 만날 때마다 조금 전 하나님을 향한 나의 외침이 너무 사치스러워진다.

또 오늘같이 추운 날이면 생각나는 아픈 추억 하나가 떠오른다. 그날도 몹시 추운 겨울날, 아주 늦은 시간, 장애가 무척 심한 장애인을 밀고 집으로 데려다 주는 길에, 그가 뭐라고 내게 말을 하는데 잘 알아들을 수가 없었다.

몇 번이나 묻고 또 물어서 겨우 알아들었는데, 못 들은 척했다. 이미 그의 집 앞에까지 다 왔는데, 뜨거운 차가 먹고 싶다는 것이다. 아니, 출발할 때부터 그는 의사를 표했지만 내가 알아듣지 못했는지도 모른다.

다시 그 시간에 왔던 곳으로 되돌아갈 수도 없고, 또 어디 있는지도 모르는 자판기를 찾을 수도 없고, 그래서 순간적으로 못들은 걸로 한 것이 이렇게 두고두고 가슴에 못이 되어 고통스럽게 한다. 이미 그는 다 잊었을지도 모르지만, 내겐 평생을 후회하게 하는 고질병이 되어 아플 것 같다. 그 상황을 조금이라도 변호한다면, 그때는 밤 열 시가 넘었고, 내겐 종일 목을 빼고 기다리는 아이들이 있었고, 정상인과 달라 그는 차 한 잔을 마시는데도 무척 시간이 오래 걸리고 밖은 몹시 추웠다.

여러 가지 정황으로 미루어 충분히 거절할 여건이라고 애써서 나를 변호하고 이해시키려 들었지만 잘 안 된다. 내 속에 역사 하시는 성령께서 늘 책망 같은 말씀을 하시기 때문일까?

돈이 있고 시간이 있고 환경이 만들어진 그런 상황에서는 누군들 남을 돕지 못하랴!

할 수 없는 중에 하는 것이 진정한 사랑이라고, 또한 그런 상황에서 베푸는 사랑조차도 주님이 공급해 주시니까 하는 것인데….

고민 또 고민하는 가운데도 희망은 번져나가고

교회 봉고차가 수명이 다되어가고 우리 교회 실정을 보면 장애인 리프트가 장착된 차가 꼭 필요하다.

주일 차 운행하는데 1코스에 전신마비장애인 두 명이 휠체어에 탄 채로 타야 하고, 다른 장애인이 5~6명 그리고 휠체어도 몇 대 더 실어야 한다.

적어도 15인승 봉고 정도는 개조해야 되는데…. 또 두 분 목회자가 다 장애인이다 보니 차는 반드시 오토가 되어야 한다. 그런데 어느 회사 차고 15인승은 오토가 안 나온다고 한다. 그렇다고 한 대 운영하기도 빠듯한 살림에 두 대를 굴릴 수도 없고, 현재로는 12인승에 수백만 원 더 주고 리프트 장착을 하고, 접이 의자를 달아 사용할 수밖에 없다.

이뿐만 아니라, 장애인이 겪는 장벽은 하나 둘이 아니다. 우리 교회만 보더라도 예배실이 넓어야 하고, 들어가는 통로는 물론이고, 화장실은 두 배로 면적을 차지한다.

가정이나 사회생활 하는데도 건강한 사람보다 생활하는 비용이 더 많이 들어간다. 그중에서 아주 중요한 것이 방석이다. 늘 앉아 있다 보니 욕창이 잘 생긴다. 그런데 50여만 원하는 방석을 구입하기란 쉽지 않다. 그러기에 장애인들은 부자로 살아야 하는데, 우리 성도들은 직장이 없어도 실업수당을 받을 자격이 없는 사람들이다.

그러나 포기할 수 없는 희망이 있기에 에벤에셀교회를 기억하고, 모이고, 희망을 나누고 또 만들어가며 아름다운 공동체를 이루어 가는 것이다.

영원히 목마르지 않은 생수가 있기에, 질척한 날씨가 힘겹게 느껴지지 않고, 들어오는 현관 앞부터 비좁기를 시작해 예배시간엔 넉넉지 못한 자리를 짜 맞추려고 이리저리 불편한 몸을 옮겨야 하고, 남녀공용으로 하나밖에 없는 화장실을 이용하려면 줄을 서야 하고 집에 갈 때도 데려다 주지 않으면 갈 수 없는 곳이다. 그래도 이곳에서는 내 장애가 유별나 보이지 않고, 공유할 수 있는 공간이고 이곳에서 주님의 위로와 영육의 만나를 먹을 수 있으니 "희망이 있고, 또 희망을 만들어 남에게 줄 수도 있다"라고 어느 성도는 노래한 적이 있다.

장애인 선교 10돌을 맞이하면서

지난 5월 9일, 장애인 선교 10주년을 맞이하면서, '장애인 초청의 날' 행사에 저희 선교회에 관심 있는 많은 분이 참여해 주셨다. 그런데 장소가 비좁아 많은 분이 예배실 안까지 들어오지도 못하고 그냥 돌아가시게 되어 무척 죄송스러웠다.

지금까지 이 사역을 감당하면서 힘든 고비 고비를 여러 차례 겪었으며, 목사님 자신도 지체 1급 장애의 몸에다 경제적인 기반도 없었고, 많은 것을 배우는 시기라서 망설이고 또 망설이기도 했다. 그러나 그때마다 하나님께서 용기를 주셨고, 또 많은 주변의 동역자를 붙여주셔서 힘을 실어주셨기에, 오늘까지 올 수 있었나 보다.

모든 영광을 하나님께 돌리며 같이 애써주신 모든 분과 같이 기쁨을 나누고 싶다.

진정한 예수님의 섬김이 무엇인지, 또 연약한 사람을 소중히 여길 줄 알며 장애인들을 위해 무엇을 돕고자 하며, 장애인들과 공감대를 형성하고자 원하신 분들이야말로 정말 하나님께서 귀히 쓰시는 분이라 여겨지기에 포기할 수 없다.

10년이란 경력 앞에 쓸데없는 잔소리가 늘어나기보다는 더욱 겸손과 자질로 다져진 진정한 하나님의 말씀을 외치며 실천하는 자로 더욱 성숙하여지길 다짐해 본다.

또한, 소중한 물질로 심어진 교회의 건물이 하나님께 예배하고, 교육하고, 친교하고, 그냥 비워두기보다는 또 다른 선교의 장이 되고, 봉사의 장으로 활용되어 교회에서 여러 가지 복지 선교를 같이하게 된다면, 공간 활용이나 예산절약 그리고 지역 주민들에게도 교회나 장애인에 대한 인식 개선이 되리라 믿는다.

보다 우리 실무자들이나 자원봉사자들도 신앙인으로 충만한 소양과 확고하고 투철한 예수님의 희생 봉사정신으로 교회나 선교회를 운영하기 위해 일하기보다는 일하려고 운영한다면 더욱 열매가 풍성해지리라 믿는다.

✦✦✦

40대를 달리는 인생의 동년배들에게

불혹의 나이가 넘은 지도 벌써 3년이나 된다.

갈수록 할 일이 많아지는 반면 나도 어느새인가 잔소리쟁이라는 별명이 붙여졌다. 초등학교 시절 외할머니가 외숙모에게 앉으셨다 하면 잔소리하시는 것을 여러 번 보았던 탓에 나는 커서 절대로 잔소리는 하지 않고 살겠다고 서른살이 훨씬 넘도록 다짐했건만, 그 후 몇 년이 못 가서 가족들로부터 쉽게 그 별명을 부여받게 되었다.

누군가 말하기를 40대가 되면 자기 얼굴에 책임질 나이라 했다. 그런가 보다 어느 정도 내 삶에 대한 자신감도 생기고, 내 개인적인 사상이 자리 매김이 되면서 서서히 뿌리를 내리는 단계라 할까? 그런데 뿌리를 내리게 되면 다시 개간해서 일구기는 거의 불가능 한 시기라는 생각도 든다. 그래서 이 시기가 되면 뭘 좀 아는 정도가 되어서인지, 연륜에 잔뜩 힘을 주고 잔소리들을 시작하게 되나 보다. 나도 이리저리 배우고 다듬어진 내 주관적인 사상들을 하나씩 하나씩 내 보고에 채워왔다.

대부분 사람은 20~30대 이전에는 고향에서 써왔던 고향 사투리를 얼른 쉽게 고쳐서 고향을 분별하기 어려울 정도가 되지만, 나이가 많을수록 토박이 언어를 못 바꾸고 어디를 가나 티를 내면서 사는 어른들을 자주 본다. 젊어서는 무엇이 잘못되면 얼른 꺼내 교체해서 다시 넣기가 쉽더니, 이제 나도 몸만 무거워진 것이 아니라 생각마저 무디어지고 굳어지고 있다는 생각이 든다.

해가 갈수록 진실로 열린 마음으로 남을 수용하거나 포용하고자 하는 자세가 좁아지고 있다는 느낌이다.

물론, 이전보다 더 친절해지고 너그럽게 처신할 때도 많지만, 그건 이미 몸에 적응된 내 직업과 일 때문이 아닌가? 라는 생각도 든다.

매사에 정치색을 띠게 되고 판단과 질책이 먼저 떠오르는가 싶으면 곧바로 가르치고자 나서는 40대가 아닌가 싶다.

지금까지도 수없이 선 줄 알고, 된 줄 알고, 이룬 줄 알고, 성취욕에 자축하다 보면 무너지고 또 무너져서 바닥을 기다시피 해서 또 일어서곤 했는데, 그 돈 주고도 살 수 없는 값비싼 교훈도 많건만, 끝없는 인간의 성취욕이나 적당한 포만감이란 나이가 없는가보다.

뭔가 인생을 알 듯한 기쁨을 채 맛보기도 전 섬뜩한 두려움이 파도처럼 밀려들며 답답해 온다. 지금까지 갈고 닦아온 40년보다. 50대 60대를 맞이하면서 더 자주 무너지고 넘어지고 내려와야 올곧게 살 수 있다는 생각 때문이다.

사람들은 나이가 들면 들수록 사람들에게 인정받게 되고, 일의 업적이 인생의 평가서처럼 보이기도 한다. 보이지 않는 하나님에게 인정받기란 무척 어렵고 드러나지 않는 경우가 대부분이다.

어떤 사람은 진실을 알고만 있다가 한 생을 마무리하는가 하면 어떤 사람은 진실대로 살다가 생을 끝마치는 사람도 있고, 혹자는 전혀 그 진실을 알지도 못한 채 살다가 가는 사람도 있다.

적어도 하나님의 진리를 외치는 사람들만이라도 인생의 뿌리가 자리 잡아가는 40대부터 '나도 하나님 뜻대로 일하지 않으면 또 무너질 수 있다' 라는 각오와 다시 맨바닥부터 시작할 각오를 하고 인생의 후반기를 시작한다면 차라리 편하지 않을까? 하는 생각을 해본다.

에벤에셀의 비전을 위해, 선교회 사역과 진로를 위해 많이 고민하고 기도한다.

늘 저소득층이나 장애인 가족 또 소외계층을 접하다 보니 어린이집, 장애인공동체, 주간보호, 노인이나 장애인을 위한 쉼터, 노숙자 아니 저소득 자녀를 위한 공부방…. 꼭 우리 에벤에셀에서 어떤 사역이 그들에게 도움이 될까? 하고 이리저리 구상을 해 본다.

그동안 이런 사역을 위해서 기도하며 조심스럽게 준비를 하기도 했다. 또 이런 사역들은 주변에서 꼭 해야 하는 것들이다. 그러나 하나님께서 무엇을 원하는지가 제일 중요하다는 생각이다. 어디 나가서 누굴 만나도 밥 한번 제대로 못 사고, 식사 때마다 맛을 생각하며 먹기보다는 가격을 먼저 생각하며 아직도 빈궁을 면하지 못하는 실정이다.

봉사하는 집사님들을 위해 여유 있게 식사 한번 차려내지도 못한다. 그러면서도, 궁상떠는 모습에 누군가 상처를 입거나 누가 될까 봐 조심을 많이 한다. 한정된 여유를 좀 무리하게 사용하다 보면 우리 아이들이 희생되어야 한다. 그러다 보면 그 아이들이 때로는 또 저희 엄마 아빠를 보고 이중인격자라고 하기도 한다. 남에게는 돈이 많은 척, 풍부한 척, 시간 여유가 많은 척, 여유 있게 무척 친절하다가도 우리에게는 "늘 없다고 참으라고 빨리빨리 하라"고 "이해하라"고만 한다는 것이다.

그러나 누릴 것 다 누리고 늘 물질에 목마르다고 넉넉하기만을 기다린다면 언제 주의 뜻을 헤아려보며 이룰 수 있겠는가?

소외계층의 영혼을 살리고, 재활을 도우며 힘겨운 삶의 무게를 조금이라도 줄여 줄 수 있는 사역을 찾고 싶다. 우리로서는 도저히 할 수 없지만, 주님이 원하시면 어떤 일이고 가능하며 할 수 있다.

우리 교회는 장애인교회란다

예수 믿고자 하는 장애인들의 도우미 역할을 해온 지 교회 창립 5년째이다. 20평 정도 되는 예배실을 빼곡히 채우며 하나님께 정성껏 예배드리는 성도들은 출석 성도가 40명이 넘는다. 옆 조그마한 사무실에서는 10여 명의 영유아가 고사리 같은 손을 모으고 일찍부터 나와 1부 예배를 마친 선생님과 같이 예배를 드린다. 이렇게 50여 명 이상의 성도가 한자리에 모여 아름다운 공동체를 이루기까지는 4~5명 되는 비장애인 성도들이 있기 때문이다.

누구의 특별한 지시가 없어도 차를 운행하거나, 아이들을 교육하거나, 혼자 올 수 없는 중증장애인들을 휠체어로 밀고 오는 등 교사로, 화장실 도우미로, 식사 도우미는 물론이요, 장애인보조기가 고장 났으면 수리를 해 주기도 하고 휠체어에 바람을 넣어주는 등 사소한 일까지도 일일이 도와야 한다.

그러니까 우리 식구들이 아침에 나왔던 집으로 안전하게 모셔다 드리기까지 모두 그분들의 몫이다. 그뿐이 아니다. 평일에도 긴급한 용무나 도움이 필요할 때 기쁜 마음으로 달려가 주는 하나님의 충실한 일꾼들이다. 그러면서도 타인의 지체장애보다도 자신의 정신적인 장애를 염려하며 혹자는 정신적인 중증장애인이 되지 않기를 위해 치료받기를 원하며 기도를 요청하기도 하는 솔직함도 있다.

이분들에게서 꾸밈없는 그리스도의 사랑과 오늘날 추구하고 싶은 교회 공동체 모습을 엿보는 듯하다.

우리 교회 성도들은 우리 교회가 '장애인교회'라 말하고 싶어하지 않는다. 그런데 밖에서는 '장애인교회'라 부르고 있다. 우리 교회는 육체적인 고통과 정신적인 아픔의 위로와 치료가 함께하며 공유할 수 있는 교회로 육체적인 장애는 입었지만, 영적인 무지와 장애를 입지 않기를 소원하고 있다.

축복받을 만한 준비된 그릇

사람이라면 누구나 축복받기를 원한다.

영적 축복, 물질적 축복, 대인관계의 축복 등 많을수록 좋아한다.

하나님의 축복을 받으려면 먼저 하나님께서 축복하실 만한 믿음의 그릇, 그리고 인격의 그릇을 갖춰야 한다.

성경에 보면 하나님께서 요셉을 크게 인정하셨다. 요셉은 하나님의 도움으로 큰 열매를 맺은 자이다. 요셉은 어떤 시련과 고난에도 능히 견딜 수 있는 능력을 갖춘 자였다. 또한, 어떤 어려운 일이라도 능히 감당해 낼 수 있는 지혜와 재능을 가진 자였다.

이러한 요셉의 위대성의 근원은 바로 하나님께 있으며, 평소에 믿음으로 다져진 인격적인 그릇이 잘 준비되었기 때문이라고 본다.

창세기 39장 23절에 보면, "이는 여호와께서 요셉과 함께 하심이라 여호와께서 그의 범사에 형통케 하셨더라"라는 말씀처럼 하나님의 주권을 믿는 믿음으로 하나님의 큰 축복을 받은 것이다.

불행한 자기 처지를 비리보지 아니하고 전능하신 하나님을 의지하며 순종함으로 하나님을 모시는 축복, 하나님께 귀히 쓰임 받는 축복, 그리고 지혜와 총명의 복까지 받았다.

하나님은 준비해 놓으신 복을 준비된 자에게 주시기 위해 기다리시므로 믿음으로나 인격적으로 손색이 없는 복을 담을 만한 그릇을 준비해야 한다.

제주도 캠프를 다녀와서

서울시 공동모금회 후원으로 중증장애인 캠프 참석차 제주도를 다녀왔다.

40명이나 되는 대가족 그것도 건강한 성도보다도 중증장애인 등 보호를 받아야 하는 성도들이 훨씬 많은 상황이었는데, 2박 3일 동안 모든 진행 일정을 무사히 마치고 서울행 비행기에 앉아 눈을 감았다.

지난 일정들을 하나하나 집어가자니 갑자기 모든 긴장이 풀리는가 싶더니, 심장에 담이라도 든 것처럼 콕콕 쑤시고 아파진다. 아무에게도 말할 수 없고 혼자서 가슴을 잡고 이 고통이 빨리 멈추기만을 기다렸다. 난생처음으로 겪는 30여 분간의 그 고통은 무척 무섭고 아팠다. 고통 중에 기도하며 일의 성취욕에서 올 수 있는 그 어떤 자만이나 교만 같은 것들을 잘라버리는 기회로 생각하며 마음을 진정시켰다.

2~3일 동안 나만이 느낄 수 있었던 순간순간의 위기와 감사의 스릴 있던 장면들이 다시 보고 싶어졌다. 주님과 나란히 앉아 재생 버튼을 누르니 화면이 돌아가기 시작했다.

이내 40여 명의 얼굴이 스쳐 지나면서 유독 클로즈업되는 얼굴이 화면 가득히 등장하는 분이 보인다. 캠프 신청기준에 에벤에셀 성도만이 참석하게 되었는데, 준비기간 2개월 내내 눈만 마주치면 "나는 어머니 안 모시고 가면 못 간다"라고 졸라대시던 ○○집사님이다.

제주공항에 도착해서부터 잘 있는 가방을 미처보지 못하시고 분실했다고 야단법석이시더니, 해수욕을 마친 후에는 두 모자가 시계를 너무 깊숙이 잘 보관해 두고는 없어졌다고 한바탕 소란을 피우더니, 민속마을을 관광하고 나오셔서는 나를 슬쩍 부르더니 남들이 카드로 물건 사는 것을 보셨는지 주민등록증을 내밀며 선물귤을 2박스만 사다 달라는 거였다. 그뿐이 아니라 잠시 관광버스 기사 아저씨가 자리를 비운 사이 어느새 운전석에 앉아 마이크를 잡고 노래를 하며 운전 연습을 하겠다며 간을 졸이던 일, 노래 순서만 되면 청중 무시하고 끝까지 마이크를 주지 않으려고 떼를 쓰시던 일, 마지막 비행기 안에서도 음료를 받아 마시며 사탕을 몇 움큼이나 가방에 넣으시다가 씨~익 웃으시더니, 내게 사탕 두 개를 건네주던 일 등 가슴에 통증이 멈추기까지 명장면 하나하나를 되돌려 보게 되었다.

그분의 주연 역할은 그날로 끝나는 것이 아니라 그 다음날도 또 그 다음날도 이어졌다.

여행 다음날 아침 일찍부터 '우리 어머니 가시니 커피 마시러 오라'고 몇 번씩 독촉전화가 왔다. 어제 저녁식사는 공항에서 모든 분에게 현금으로 드리고 자유롭게 먹고 싶은 것 잡수시라고 했다. 그런데 오늘 그 집사님이 저녁 먹고 그 남은 돈이라며 흰 봉투에 담아 내밀며, 두 모자가 내 손을 꼭 잡더니 "평생 잊지 못할 여행을 하게 되어 기쁘다"며 눈물까지 흘리셨다. 집사님은 80세가 넘은 어머니에게 장애인이 되고 나서 처음으로 효도했다고 좋아하신다.

정말이지 이 집사님이 담긴 명장면에는 우리를 울렸다, 웃겼다, 간이 콩알만 하게 만들었다 하며 주연급 배우로 손색이 없을 정도로 관객을 매료시키기에 충분했다. 그분의 늙은 어머니께서는 시집장가 갈 자녀를 둔 60세가 넘은 다 큰아들인데도 지금까지 용돈을 주시고, 등을 토닥거리시며 '더 열심히 기도하고 믿음생활 잘하라'고 타이르시는 모습이 너무도 감동적이었다.

사고를 당하시기 전 건장한 모습으로 군대에서 운전도 하셨고, 가족을 위해서 서울시내를 누비고 다녔던 시절은, 이미 오래되어 빛바랜 사진첩 속에서나 볼 수 있지만, 그분은 지금도 가끔, 어제 일처럼 생각하며 과시욕을 보이며 예상치 못한 행동을 하며, 주위 사람들을 당혹하게 하곤 한다. 더러는 교회 오실 때 자전거를 타고 오시는데, 출발할 때나 정지할 때 몇 번씩 찻길에서 넘어져야 목적지에 당도한다. 이런 사정을 익히 아는 우리는 그분이 자전거를 탈 때는 절대 아는 척하거나 부르지 않는다.

그런 신체적 조건 때문인지 때로는 가족들로부터 보이지 않는 따돌림이나 냉대 등을 겪어오지만, 장애인과 함께 살아가는 가족들의 애환을 이해하며 조화롭게 잘사는 모습을 직접 느끼고 볼 수 있다.

직장 생활하는 가족들이 힘들다고 가정살림을 도맡아 하는가 하면, 오래전 우리 교회 다니지 않을 때도, 부인이 중병에 걸렸다며, 지금 당장 '병 문안 와서 기도해주고 가라'고 길을 막고 서신 적도 있다. 그처럼 가족을 아끼고 사랑한다.

그뿐인가 작년엔 아들이 교통사고를 당해 2번째 수술을 하게 되었는데, 꼭 병원에 가고 싶다고 하셔서 인천 병원까지 모시고 갔는데, 차라리 안 모시고 갈 것을…. 병원을 뒤로하고 오는, 우리 뒤 꼭지도 무척 부끄러울 정도였는데, 내심 당당하게 표정관리 하시면서 멀쩡한 자식들 걱정하시는 집사님이다.

그 집사님의 명장면을 보기만 하면 왜? 내게 은혜가 되는지 모르겠다. 정말 내가 하나님 앞에 부실해 제대로 하는 것 하나 없는데, 끝까지 인내해주시고 넘어지고 포기하고 싶을 때마다 토닥거리시며, 말도 안 되는 내 행동을 보시고도 넓고 깊은 사랑으로 표정 관리하시며, 날 불안하지 않고 또 재기할 수 있도록 기회를 주시는 그 하나님이 난 미치도록 좋다.

집사님! 화이팅!

남은 삶을 마라톤 경주의 주자답게 주인공처럼 어떤 어려움이 있어도 넘어지지 말고 끝까지 당당하게 완주하십시오. 열심히 옆에서 응원하겠습니다.

안○○ 자매

추석연휴를 막 지난 금요 기도회 시간이다.

몇 일전부터 내린 비가 오늘도 그칠 줄 모른다. 교회 현관문을 열고 몇 번이나 하늘을 보며 데리러 가야 하나 하고 망설이고 있었다. 그러던 차에 안○○자매님이 아파트 경비아저씨의 도움을 받아가며 빗방울을 가득 이고 현관으로 미끄러져 들어왔다. 비가 계속 내리길래 데리러 갈려다 망설이던 것을 자책하며 수건으로 자매님의 목덜미를 닦아주다가 갑자기 고압선이라도 스쳐 지나간 듯 깜짝 놀랐다. 목덜미뿐이 아니라 등 안 깊숙이까지 실핏줄이 터져 나와 여기저기 붉게 얼룩져 있었다.

얼마 전부터 집에서 화장실 보기가 불편해서인지 교회에서 자주 소변을 도와 달라고 하긴 했는데, 이제 거기까지…. 결혼한 남편, 그리고 11살 난 아들도 그녀 곁을 떠난 지금, 친정어머니의 도움으로 살고 있다.

그녀는 벌써 오래전부터 자신이 전혀 원치 않던 근육이양증의 방문으로 자기 것을 모두 잃었다. 지금은 원망이나 외로움과 고통보다도 더 소중한 길이요, 진리요, 영원한 생명 되신 예수 그리스도를 온몸 가득 움켜지며 최선을 다해 남은 생을 살아가고 있다.

오늘 밤 예배 시간에도 그녀는 예배실 맨 앞자리에 휠체어에 겨우 엉덩이를 걸치고 상체는 앞으로 꼬꾸라질 듯한 자세로 예배를 드린다. 사정을 모르는 분들이 보면 조는 것 같지만, 사실은 고개를 가눌 힘조차 없어서이다.

말할 기운도 없는 그녀와 의사소통을 하려면 온 신경을 곤두세워야 겨우 알아들을 수 있을 정도이다.

잠시 후, 기도회가 찬송가 511장으로 하나님께 고백 드리면서 시작이 되었다. 맨 뒤 좌석에 앉아서 그녀가 옆에 있는 찬송가를 떨어뜨릴 듯 조심조심 끌어다 한참 만에 겨우 511장을 찾는 모습을 지켜보는 사이, 벌써 1절은 다 지나고 2절이 시작되었다.

2. 이전엔 세상 낙 기뻤어도 지금 내 기쁨은 오직 예수
  다만 내 비는 말 내 구주 예수를 더욱 사랑 더욱 사랑
3. 이 세상 떠날 때 찬양하고 숨질 때 하는 말 이것일세
  다만 내 비는 말 내 구주 예수를 더욱 사랑 더욱 사랑

그녀와 나의 고백이 담긴 찬송가 가사가 담겼다. 부를 때마다 몇 번씩 놓쳐가며 힘겹게 찬송가를 펴들기를 서너 번째 지금, 그녀는 눈으로조차 제대로 가사를 볼 수 없는 찬송이 아닌가, 오늘따라 그녀가 마음으로 부르는 찬송이 내 입을 통해서 불려지고 있는 것 같았다.

"주님! 이 세상 모든 것이 다 내게서 떠나가고 있지만, 저는 오직 의식 있는 그날까지만이라도 주님만을 더욱 사랑하게 하실 줄 믿으며 감사드립니다."

지금은 마음대로 목 놓아 울 수도 없을 정도로 병이 진행된 상태이다. 그러나 지금쯤은 주님을 향한 감사의 눈물만이 남았으리라 믿고, 오늘 저녁 그녀를 대신해 한없는 감사의 고백과 함께 뜨거운 눈물을 흘려 드린다.

주님! 육신의 고통을 넉넉히 이길만한 확신의 기쁨을 주소서!

이번 주간 내내 예배시간마다 노○○형제에게로 마음이 간다.

길어야 1시간 30분 정도인 예배시간을 간혹 통증과 피곤함 때문에 마치지 못하거나 다 준비된 점심을 못 먹고 집으로 가는 그 뒷모습이 왜 그리 안 되어 보이는지, 겉은 정상인들처럼 멀쩡하게 걸어 다니지만, 머리서부터 온몸이 안 아픈 곳이 없다고 한다.

두 번의 큰 사고 후유증으로 매일 2회 정도나 물리치료를 받아야 하며, 2곳 정도의 병원 약을 먹어야 한다. 그뿐만 아니라 오랫동안 약을 장복 하다 보니, 내부기관까지 그 영향이 미쳤다고 한다.

그런데 이처럼 고통스러워하는 우리 성도들을 보거나 병원선교를 하면서 종종 죽음을 넘나드는 고통에 치를 떠는 이들을 보면서, 어떤 때는 거우 내 작은 아픔이나 힘거운 정도에 대한 위로의 대상으로 삼거나 사치스러운 눈물 정도밖에 흘리지 못할 때가 있다.

때로는 그들 가까이에서 볼 때는 고통을 공감하며 함께 하는 듯하지만, 곧 멀어지면 잊어버리기 일쑤다. 그러고 기도회 시간이면 심한 죄책감에 몸부림치며, 진정한 위로의 대상은 내가 아니라 고백하며, 나 자신으로는 아무것도 할 수 없음을 시인하며, 눈물로 하나님께 그들의 고통을 호소해주는 것이 고작이다.

"주님! 오늘 밤 부끄러운 이 죄인 소원이 있다면 육신의 고통과 미래에 대한 확신이 없는 이들에게 불가능이 없으시며 부족함이 전혀 없으신 모습으로 주님 선명하게 위로해주시고, 세상에 이미 모든 것을 다 빼앗긴 이들에게는 그 고통을 넉넉히 이길 만큼의 하나님의 깊고 크신 사랑의 기쁨과 감격으로 충만케 하소서"

하나님의 설계도

병원선교를 일주일에 한 번 아니 시간을 내지 못해서 2주일에 한 번 간다는 표현이 옳겠다. 방문할 때마다 환우들의 힘들고 지치고 괴로운 모습들을 보고 돌아오는 길이면 우리 선교 팀들의 마음도 푹 가라앉고 지치게 된다.

고통을 겪는 연수가 정함이 없고 하루 이틀에서 한 달 두 달 그리고 1년 2~3년을 넘어서는 환우들을 대할 때 무슨 방법으로 어떻게 주님의 위로를 안내해야 할지….

그런데 또 오늘 오후 늦게 어떤 젊은 분을 전화로 상담하면서 여러 가지 여건상 아무런 이야기도 해주지 못한 채 그냥 수화기를 놓게 되어, 밤늦도록 그에게 해주고 싶은 이야기가 입가에 맴돌기에 이렇게라도 전해야만 할 것 같아 책상 앞에 앉게 되었다.

"주님 밖에 있을 때는 늘 지치고 피곤했었지만, 주님 안에 들어오니 돈이 없어도, 바쁘고 피곤해도 기쁘고 감사하고 또 일하고 싶은 희망으로 매일 매일 새롭게 느껴진다"라는 어느 분의 고백을 소개하고 싶습니다.

돈이 없고, 일이 안 풀리고, 장래가 안 보이고, 현재 내 위치가 불분명해서 피곤하고 힘든 것이 아니라 하나님 뜻을 몰라서 피곤하고 힘들었다는 표현이 맞을 겁니다.

지금, 무엇이 당신을 포기하게 만드나요?

자식이 죽게 되었나요? 아니면 부인이 남편이? 아니면 인생의 황혼을 맞이해 곧 하나님의 부름을 기다리고 계시나요? 당신은 아무것도 잃을 것이 없어요 다 주님 것이니까요.

다만, 우리가 방황하게 되는 것은 하나님의 계획설계도을 보지 못하는 것뿐입니다. 설계도는 전문가가 보아야 잘 볼 수 있고 잘 지을 수 있듯이 우리 인생설계도 영적 전문가의 눈으로 보아야 제대로 보입니다. 설계자의 의도를 잘 알아야 제대로 볼 수 있듯이, 하나님의 의도를 잘 알아서 그분의 뜻에 맞도록 살아가면 됩니다.

지금 망했다고 생각하세요? 아니예요 늦지도 않았습니다. 다만, 지금 출발할 때입니다. 지금 시작하십시오. 그리고 당신을 향한 하나님의 계획을 볼 수 있는 눈을 가지세요.

하나님께 기도하세요. 말씀을 보고 들으세요. 그리고 하나님 뜻을 아셨으면 바로 시작하십시오. 절대 부실 공사하지 마시고요. 하나님이 원하시는 원칙대로 짓기를 시작하십시오. 사랑과 긍휼히 많으신 당신의 창조주 하나님께서 도와주실 것입니다.

또 한 자매가 재활원으로

　바깥나들이 한번 하려면 몸을 가누지 못해 몇 번씩 넘어져 가며 겨우 옷과 신발을 챙겨 어머니의 부축을 받으며 10여 개 되는 계단을 끌리다시피 겨우 내려와 휠체어를 타고 아파트 주변을 돌거나 교회 오는 것이 전부인 그녀가 오늘은 내게 할 말이 있다며 옷자락을 잡아당겼다. 내일 재활원으로 들어간다는 것이다. 우리 교회가 그녀를 만난 지 꼭 2년 만에 헤어지게 되었다.

　그녀의 몸은 날이 갈수록 퇴보하고 있지만, 정신이 건강하기 때문에 본인의 기대치에 안 맞으면 심사가 불편해 수발드는 친정어머니와의 관계가 자주 불편해지곤 했었다.

　오랜 세월을 그렇게 살다 보면 어느 집이고 아무리 사랑하는 가족들이었지만 서로 힘들어하게 되고 부담스럽게 여겨지는 것이 우리 현실이다. 또한, 당사자는 가진 장애도 힘들지만, 자신의 의지대로 움직여 주지 않고 축 늘어져만 가는 자신의 몸 때문에 모든 것이 잔소리 같고 간섭이 더 귀찮고 힘들게 느껴지는 가보다. 오늘 그녀는 재활원을 가게 됐다며, 이제 엄마 잔소리 안 들어도 좋겠다고, 거기가 집보다 훨씬 좋을 것이라며 행복을 예견이라도 하는 듯 들뜬 기분으로, 그곳이 마치 그녀의 도피처인 양 새로운 삶을 개척이라도 하는 것처럼 처음으로 많은 말을 했다.

　그러나 그것은 남은 가족들에게 조그만 위로라도 주고 싶은 그녀의 선물이 담긴 마음이라는 것을 우리는 모두 잘 알고 있다. 그래도 그를 사랑하며 그리워하는 우리는 모두 그녀가 말한 것처럼 시설에서의 생활이 취향에 맞고 건강도 회복되어 잘 적응하고 만족해하며 기쁘게 생활할 것이라 믿고 싶다.

사슴 고기

"뭐! 뭐라고, 내일 사슴을 택배로 보낸다고, 여보세요! 잘 안 들려…."

"여보! ○○선생님이 사슴고기를 내일 택배로 보내니 기다렸다가 받으라는데요…."

사슴고기? 그럼 얼마 전 한약상에 취업해 사슴농장에 다닌다더니…. 한편으로 반갑고 기쁘면서도 무척 고민이 되기 시작했다. 사슴고기는 내 생전에 한 번도 먹었다는 사람을 보지도 듣지도 못했기 때문이었다. 정말 고기를 보내면 어쩌지, 난 특히, 비유가 약해 이상한 고기 요리를 잘 못하는데…. 사슴을 기르는 시골 큰오빠 집에 전화해 볼까? 이런저런 고민 끝에 그래! 얼마 전 칠면조 고기도 생전 처음 먹어 보았는데, 어떻게 되겠지, 하며 하루를 보내고 나니 오후 늦게 정말 택배 아저씨가 벨을 누르더니 대형 텔레비전 만한 상자 한 개를 두고 가셨다.

순간 우리 부부는 또 놀라며 "아니 웬 고기를 이렇게 많이 큰일이네?" 이 큰 것을 어떻게 요리해서 주일날 성도들에게 내놓지. 가위로 끈을 자르고 포장테이프를 떼어내고 조심조심 상자를 여는 순간, 우리는 서로 얼굴만 쳐다보며 "아니? 이건 고기가 아니고 성탄 트리! 요건 나무고, 이건 새로 나온 은색 고리이고. 이건? 조립하는 건데….
맞다! 바로 이게 사슴이다!"

모든 의문이 풀리는 순간이다. 지난주일, 그 선생님이 성탄 트리 재료가 얼마나 있느냐고 묻기에 작년 것 쓰면 된다고 했더니 "사슴은 없지요? 다른 것하고 조금만 사올게요"라고 말하던 일이 왜 이제야 생각이 나는지…?

> 66
> 비록 무화과나무가 무성치 못하며 포도나무에 열매
> 가 없으며 감람나무에 소출이 없으며 밭에 식물이 없
> 으며 우리에 양이 없으며 외양간에 소가 없을지라도,
> 나는 여호와를 인하여 즐거워하며 나의 구원의 하나
> 님을 인하여 기뻐하리로다 _ 하박국 3:17~18
> 99

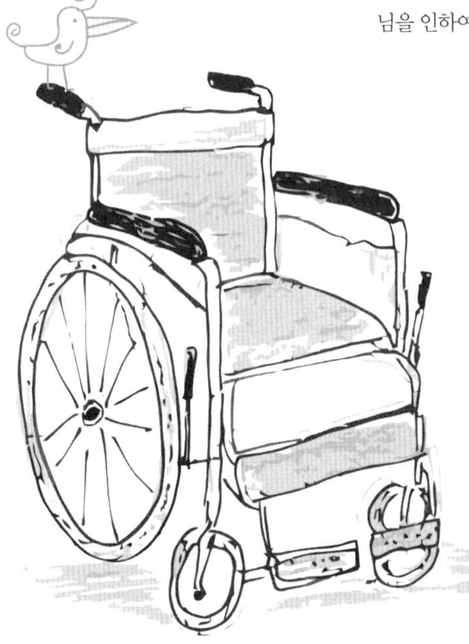

사랑하고 싶은 아이들!

방학 중이라 그런지 학생부예배에 결석하거나 늦게 오는 아이들이 많아졌다. 이렇게 서너 명씩 빠지고 나면 나온 학생도 인도자도 맥이 빠진다. 전문 교역자를 모셔야 하는데….

내 나름대로 눈높이를 하려고 이리저리 눈을 굴리며 신세대연구로 P 세대, X세대, N 세대, W 세대 등 30~40년의 간격을 좁히려 안간힘을 써보지만 당장 확인할 만한 성과는 보이지 않는다.

그런데 오늘 갑자기 결혼 전에 1년 2개월 동안 신앙지도 했던 3명의 아이들이 방문했다.

주님께 훈련받던 시절에 산업체 학생들을 잠시 담당했었다.

믿음으로 예쁘게 성장한 모습이 어찌 그리 아름다웠던지, 가슴이 찡하도록 큰 감동을 받았다.

그 시절 유별나게 잘해주거나 더욱 잘 가르친 것도 없었다. 그러나 아이들을 처음 대할 때부터 매일 보면서도 또 보고 싶었다. 기숙사 사무실에서 그 아이들이 새벽같이 일어나 출근하거나 등교하는 모습을 보며 행복해 했었다. 몇 년 전에도 어떤 아이가 찾아와 그때 상담하고 기도해주었던 내용을 이야기하며, 고맙다는 말을 했을 때 난 전혀 그 아이를 기억하지 못해 무척 미안해한 적도 있었다.

그러나 오늘 온 아이들은 정확하게 기억할 수 있어서 다행이다. 그런데 놀라운 것은 그때 그 아이들 생각만 해도 16년이 지난 지금도 가슴이 뜨거워지고 보고 싶고, 또 만나면 나도 모르게 행복해진다.

지금껏 25년 가까이 유치부부터 청 · 장년에 이르기까지 많든 적든 가르치는 일을 해왔다.

가르쳤던 사람들을 만나기도 하고 들려오는 소식들을 접하면서 확연하게 느끼는 것이 있다면, 정말 소중한 것은 현대 감각에 맞추어 잘 전달하려고 새로운 교육의 패러다임 도입도 중요하지만, 내가 담당하는 아이들이 사랑스럽고 어떤 짓을 해도 예쁘고 보고 싶어 잠을 이루지 못할 때, 또 주님께 떼를 쓰며 '나는 저 아이들을 책임질 수 없다며' 눈물 쏟아 기도하던 때에 담당했던 아이들이 장성한 분량에 이르는 믿음을 소유하며, 또 주님의 자녀답게 살려고 노력하는 것을 볼 수 있었다.

학생 수가 적다고 소홀하고, 세대차이가 난다고 주눅이 들고, 내 자식을 내가 어떻게 가르치느냐고 주춤거리고, 적당한 환경이 아니라고 불평하고, 능력이 안 따라준다고 새 일꾼에게 미루고, 지금까지 이런저런 구실삼아 내가 잘 가르치지 못한 아이들에게 무척 미안하고 주님께 진심으로 회개하고 싶다. 오늘 찾아온 아이들의 모습에서 난 많은 것을 보았다.

언제 어느 때 그렇게 완벽한 곳에서 온전한 자격을 갖추고 가르쳤는가? 주님과 나는 알고 있다. 지난 몇십 년간을, 영혼을 뜨겁게 사랑하며 사명감이 충만했던 때와 불성실하던 때를.

주님의 사랑을 많이 받고 느낄 때, 또 성령이 충만하고 열심히 기도할 때 가르치는 은사가 주어지고, 주님이 나를 사랑하시는 것처럼 나도 남을 사랑할 수 있는 것이라는 것을….

"순희야! 유경아! 영옥아! 고맙다 그리고 힘내, 아주 많이 사랑해! 아니 나보다는 주님이 더 너희를 사랑하고 계실 거야."

선 물

　선물, 선물은 좋은 것이다. 나는 어려운 일 중의 하나가 물건 사는 일이다. 그중에서도 선물을 사는 일이 더 부담스럽다. 선물이란 주는 사람의 순수한 마음과 정성이 담긴 또 그 어떤 대가나 요구조건이 없는 거라야 한다고 생각한다. 그런데 가끔은 부담을 주는 선물도 있다. 나부터도 종종 아이들에게 선물을 주며 메모편지를 통하여 뭔가 간접적인 요구를 할 때가 잦다. "더 착해져라, 싸우지 말라, 공부 잘해라, 하나님 말씀대로 살아라…."

　몇 년 전 어느 분이 꼭 분갈이를 해서 화분을 사다 주시고 볼 때마다 체크하는 분이 계셨다. 이제 막 분갈이한 일년생 화분이라 우선 꽃이 환하고 예쁘고 좋긴 한데 아직 뿌리를 못 내려 공기가 잘 통하지 않는 곳에 두면 잘 죽는다. 그렇다고, 밖에 내놓으면 누가 집어간다. 그러다 죽기라도 하면 사모님이 잘못 관리해서 죽었다고 두고두고 말씀하신다. 애지중지해도 사고가 생기기 마련, 어느 땐 화분이 죽거나 잊어버리면 같은 것을 몰래 사놓기도 한다. 이건 무척이나 부담스러운 선물 중의 하나다.

　또 어느 분은 자기가 안 입는다고 옷이나 가방 등 물건들을 준다. 그리고 꼭 덧붙이는 말이 있다. '비싸게 산 것이고 귀하고 소중하다고 남 주지 말고 잘 쓰라고' 참 고맙고 감사하다. 그러나 우리 집에서 쓰기도 하고 다른 사람에게 주기도 한다. 그중에 더러는 아무리 주신 분은 좋은 거라고 하지만 아무래도 버리는 것들도 있다. 그런데 문제는 어느 날 전화를 해서 내가 그전에 ○○준 것 잘못 주었다고 다시 가져오라고 할 때다. 정말 이럴 땐 눈앞이 깜깜하고 대략 난감이다.

또 어떤 분은 전혀 우리에게 필요 없는 선물을 주시면서 사용하도록 재촉하실 때 또 그처럼 난감할 수가 없다. 그뿐인가 언젠가는 성도 두 분이 각각 같은 물건을 하나씩 사오셨다. 예배실에 필요한 것은 꼭 하나뿐인데…. 그럴 때 우리 부부는 그분들이 서로 상처받지 않게 하려고 늦도록 고민했다. 아무리 머리를 짜내도 방법이 없어서 나중엔 "우리 방법으로는 도저히 안 됩니다. 하나님! 정말 어려운 장애인 성도가 준비했는데 어떻게 좀 해주세요!" 하고 기도했더니 정말 주님의 방법으로 지혜를 주셔서 두 분 모두 흡족해한 적이 있기도 하다.

이뿐이 아니라 선물 이야기만 나오면 내게도 걸림돌이 되는 선물 사건이 있다. 오래전 선교회 사업비 관계로 로비성 있는 음식 대접과 정성껏 선물을 사서 준 적이 있다. 우리 하나님께 그처럼 신경을 써서 온 힘을 다했다면 더 많은 복이 임했을 것이라는 생각이다.

일평생에서 가장 부담 없고 기쁘고 소중하고 요긴하게 받은 선물이 있다면 주님이 주신 구원의 선물이다. 그 선물을 받는 날 나는 새로 태어났고 온 세상의 행복을 다 차지 한 듯했다. 지금도 그 귀한 선물을 잃을까 봐 수시로 그 감격을 확인하곤 한다.

남편이 결혼하기 전 많은 선물을 보내왔다. 그때는 혼자 있을 때마다 수시로 만져보곤 했는데 지금은 열어보는 적이 없다. 어느 날은 딸아이가 "엄마! 저건, 누가 준거야!" 하길래 자랑스럽게 "저거 아빠가 결혼하기 전 나에게 선물로 보내 주신 거지" 했더니 "그런데 왜 엄마가 한 번도 만지거나 본적이 없지" 그러는 거였다. 엉겁결에 난 "아 그건~ 이제 아빠가 같이 살고 있으니까 만질 필요가 없어, 그러나 너희에게 보여주려고 지금까지 둔 거야" 했다.

그렇다. 주님의 선물, 지금은 우리가 그 구원의 감격을 늘 잊지 말고 계속 만지고 보면서 그분의 사랑을 확인해야 한다. 그러나 천국 가서는 그럴 필요가 없겠지!

영적인 부모의 권위

초등학교 시절 신앙생활을 시작할 때부터인지 누구에게 언제 들었는지 아니면 책을 통해 알게 되었는지는 잘 모르지만, 그저 막연하게 2000년도쯤에는 예수님이 오실 거라는 생각이 내 가슴속에는 짙게 깔려져 있었던 것 같다. 그러다 2000년이 되면서 그 기억이 되살아났고, 예수님이 안 오신 것이 다행이란 생각을 하다 보니 벌써 또 1년을 넘기고 있었다.

"이제 겨우 마흔이 넘어서 사는 방법을 터득했는데, 지금껏 하나님께 이웃들에게 은혜만 입고 살았는데, 주님 기뻐하는 일, 또 감사하다고 고맙다고 말해 주고 싶은 사람도 많은데, 주님 지금까지 기다려 주셔서 고맙습니다. 조금이라도 더 일 할 수 있는 기회를 주세요!!"라는 기도를 드리던 오늘, 나는 새삼스럽게 내 육신을 훑어 보게 되었다. 뭔가 알려고 하니깐 벌써 나이가 40대 중반을 코앞에 두고 있으며 오래 전 옛날 어머니나 외할머니께서 시간만 되면 팔다리를 주무르거나 가끔 물건을 어디에다 두었는지 몰라 집안을 뒤지던 일들이 부담 없이 편안하게 보이더니 곧바로 나도 순번이 되었는지 실습단계에 들어서는 것이 아닌가.

이제 겨우 초등학교 다니는 두 아이에게 세대차이로 밀리는 서러움, 무엇으로 극복될까? 머리로, 미모로, 체력으로, 그들이 즐기는 컴퓨터 게임, 아니면 디디알, 최후의 수단인 부모의 권위로 앞지르기를 할꺼

나 해서 아이들이 요리조리 따질 때마다 "너희는 말끝마다 토를 다니? 엄마가 그러면 그런 줄 알지" 하며 억지 승부를 내 보지만 기진맥진 재게 할 용기가 쉽지 않다. 그러나 그들이 밉거나 싫지 않다.

내 비장의 무기가 무엇일까?

나의 영원한 후원자에게 지원 요청이라도 해야 할 것 같다.

주님이 나를 기다려주셨듯이 용서해 주셨듯이 이것으로도 저것으로도 꿰맞출 수 없이 엉망이 된 상태라도 주께만 돌아오면 하나님의 방법으로 풀어주시고 정리해주시는 그분의 방법, 그 방법을 배워야 한다.

내 모습과 똑같은 우리 아이들을 다스리고 키울 수 있는 여러 가지 방법에 조언까지 구해보지만 늘 실패하기 일쑤다.

하나님으로부터 주어지는 영적인 부모의 권위밖에는 없는 것 같다.

이 세상에서 사용하는 방법들은 조교 역할로서 나를 돕고 있지만, 우리의 아이들을 확실하게 리더 하는 방법은 '영적인 부모의 권위' 에서 나온다. 이 권위를 위임받으려고 청결한 영적 생활을 유지하며 자녀를 사랑하는 농도만큼의 기도가 필요하리라 본다. 합당한 우리의 모습을 인정하신 주님께서 주시지 않겠는가.

장애는 단지 불편할 뿐이다

오늘 오후 연립주택 계단을 오르내리며 심방을 늦게까지 다녀왔다.

일반 교회에서는 상상할 수 없는 일이지만 우리 교회에서는 심방 받으려고 목사님을 업고 계단을 오르내리며 심방 예배를 드린다.

이런 특수 상황을 고려해 정기 심방이 없고 요청이 있을 때만 심방을 한다.

요청을 받을 때는 별 부담이 없지만, 어떤 때는 방문을 해야 할지 여간 고민이 아니다. 이런 고민은 목회자뿐 아니라 장애인 교회를 섬기는 모든 성도도 같은 생각으로 고민할 때가 있을 것이라 본다.

굳이 '몸이 불편한 목사님께 심방을 받거나 상담을 하거나 중보기도 요청을 할까?

하나님의 은혜와 섭리가 아니고는 성립될 수 없는 이런 과정들을 만날 때마다 우리 부부는 감사로 주께 영광 돌리며 몇 곱절의 주의 영감을 구하지 않을 수 없다.

또한, 우리 하나님께서는 에벤에셀의 하나님으로 역사 하시며 주님을 체험하는 기회로 주신다.

언젠가는 병원에 입원한 성도가 에벤에셀교회 다니는 것이 불편했던지, 다른 어느 큰 교회 다닌다고 소개를 해 우리를 당혹하게 한 적도 있었다. 우리는 억지로라도 서로 위로하는 마음을 주고받으며 "그래! 내가 세일즈맨으로 방문을 해도 능히 감수할 일인데 이건 내 생업을 위한 일이 아닌데, 감사하며 당당하자!" 하며 모르는 척 예배를 드리는데 주님께서는 어찌나 그분을 아끼고 사랑하며 불쌍한 마음을 주시는지, 우리에게도 같은 마음을 주셨다. 이것이 주님이 행하셨던 목자의 심정이 아니었나 생각하니 주님께선 그 성도님의 마음과 우리의 마음을 같이 치료해 주시며 위로하셨다. 그 후 모든 병실 분들도 목사님을 환영하며 같이 예배에 동참하도록 하신 주님이 그저 고마울 뿐이다.

우울증

올해는 유난히도 봄이 오기가 어려운가 보다. 겨울을 뿌리치려고 하면 또 눈이 오고, 이러기를 여러 번 겪은 것 같은데, 도로변엔 노란색 개나리가 유난히 밝게 빛을 내며 봄이 왔다고 자랑하는 듯하다.

그런데 긴 겨울을 지난 봄볕이라 그런지 하루가 틀리게 내 얼굴에도 변화가 생긴다. 아주 작은 까만 점들이 하나씩 눈에 들어오는 것이 개나리하고는 정반대로 나를 어둡게 만들고 있다.

그도 그럴 것이 요즈음 얼마나 찌든 삶을 우려내고 있었는가? 정확히 그 원인을 꼬집어내기는 어렵겠지만, 아마도 폭설 때문이었을까? 아니면 가슴을 꼭꼭 파고들던 겨울바람 때문이었을까? 우리 아파트 뒤편 두텁게 얼었던 빙판주차장은 얼마 전에서야 겨우 제 모습을 드러냈다. 이렇게 힘들게 돌아온 봄과 함께 내 마음도 덩달아 고통스럽던 겨울을 쫓아 보내고 봄을 맞이해 홀가분한 마음으로 봄의 축제를 노래하며 평강을 주신 하나님께 "주님! 사랑합니다"라고 메아리치면서 문을 활짝 열고 다시 시작해 보련다.

금년 들어 추운 겨우내 주위의 많은 분이 침체된 경제 때문에 허덕이는 모습과 병원 선교할 때마다 뵙는 많은 분이 병세가 많이 악화되어 고통을 호소하기조차 어려워하는 모습들! 어떤 땐 우리네 살림살이조차도 정확히 예산을 세워 규모 있게 라는 말이 무색할 정도이고, 얼마 전 요양원으로 떠났던 자매가 두 달 사이에 욕창도 심해지고 전혀 의사소통은 물론 앉기조차 어려워하던 모습도, 겨울 일기 때문에 교회생활을 핑계하던 성도들이 영적인 신앙상태까지 얼려서 녹일 줄 모르는 안타까운 모습들, 수 없이 연속되는 고난을 겪으면서도 하나님 뜻을 깨닫지 못하는 그들에게 이번에는 또 어떤 위로와 권면을 전해야 할지….

그런데 어느 날 정신을 가다듬고 자세히 보니, 하늘만 빼곡히 보이는 골짜기 속에 빠진 나를 발견하게 되었다. 헬프미!Help me! 나 좀 도와주세요! 하며 마음은 간절히 도움을 청하고 있었지만 마음뿐이었다. 아차! 싶어서 내 나름대로 온 힘을 다해 내 영의 침체상태에서 벗어나려고 일차적으로 원인 규명을 위한 회개 기도에 들어갔고, "너희는 마음에 근심하지 말라 하나님을 믿으니 나를 믿어라!" 등등 하나님 말씀에 힘을 얻어 보기도 하고, 찬송가를 열어보며 애써 마음의 위로를 얻어 보기도 하고, 가족예배 때 협력기도를 구해도 보지만, 환경으로부터 오는 심한 압박과 스트레스가 동반된 우울증으로 이어지는가 싶다. 거기다 남은 잘 용서하면서도 나 자신의 실수를 용서하지 못하는 중병까지 가세 한 것 같다. 거의 한 달 이상 고생했을까?

애써 즐거움과 기쁨을 찾아보려고도 하고, 수없이 겸손과 자족하는 마음으로 평강을 구해도 보지만, 그것들은 내 영혼 깊은 곳에서 나오는 생수가 아니기에 곧 목마를 수밖에 없고, 기쁨의 근원지를 잃어버리고 사는 삶이 마치 진실을 외면한 위선자의 삶 같아 더욱 마음을 괴롭혔다. 진실을 왜곡한 채 글을 쓰는 작가의 마음이 이럴까? 어둡고 침울한 상태가 길어져 가니 더욱 초조해진다.

우물가의 여인처럼 갈증을 해소하려고 하나님의 방법을 갈망하고 또 갈망하면서 전심으로 구하기 시작했다.

그러던 오늘, 가평에 있는 요양원에 면회 갈 일이 있어서 일찍 출발해 경춘가도를 달리고 있는데, 차에서 가끔 이상한 소리가 들렸다. 근처에 정비소도 없고 해서 그냥 가평까지 갔다가 용무를 마치고 올림픽도로를 얼마쯤 달렸을까? 2차선에서 차가 서버렸다. 밤길에다 진눈

깨비가 펑펑 쏟아지고, 지척을 분간할 수 없을 정도였다. 밀린 차들이 뒤에서 빵빵거리고 손가락질에다 험한 말까지…. 나가서 손 신호할 처지도 못되고 비상등을 켜고 부지런히 보험회사 전화번호를 돌리고 위치를 설명하자니 그렇게 수없이 다니던 도로인데도 여기가 어디쯤 인지도 잘 모르겠다. 지나가는 차를 세워 물어보니 대답하는 사람마다 다 다르게 가르쳐준다.

래커 차가 다행히 올림픽도로로 처음부터 출발한다니 다행이었는데, 30여 분 후 도착한 기사 아저씨 그런데, 우리가 원하는 서비스센터 약도를 전혀 모르는 분이다. 약도를 자세히 알려 주었는데도 늦은 밤이라 그런지 우리 차를 뒤에 매달고 제멋대로 이곳저곳을 질주하다 한참만에 겨우 용산 서비스 센터에 당도하니, 야간 근무 조가 마지막 퇴근하다 대충 살펴보고는 '차체 결함입니다! 죄송합니다. 내일 아침 일찍 수리해 놓겠습니다' 하고는 어둠 속으로 사라졌다.

그제야 우리 부부는 겨우 참았던 숨을 내 쉴 수 있었다.

그런데 텅 빈 공장, 어둠 속을 비집고 함박눈만이 소리 없이 내리는 하늘을 보면서 나는 마음속에 눌렸던 그 어떤 체증 같은 것이 사라졌다는 느낌과 함께 내가 계곡 아래 있는 것이 아니라 산 정상에 올라온 것처럼 승리자에게서만 느끼는 기쁨과 감사의 희열이 온몸을 타고 내리는 것이 아닌가 "여보 제 무거운 마음의 병이 사라졌네요! 오늘 같은 사고가 내 병을 치료했나 봐요!"

얼마 만에 느끼는 평강인가, '하나님! 저를 여전히 사랑하고 계시는 군요'

정말 그런가 보다. 이런 치료 방법도 있었구나! 어느 책에선가 보았든 기억이 난다. 예측 못 한 더 큰 어려움을 겪으면 이전에 있던 작은 고민은 아무것도 아니며 문제도 안 된다더니,

감각 잃은 세대여!

남편은 경추 7,8번을 다쳐 장애로 하반신에 감각이 없다 보니 어떤 때는 다른 사람들이 눈치 못 채게 남편의 다리를 만지며 사인을 보내도 전혀 반응이 없다. 오늘도 밖에 나갔다 들어온 남편의 정강이 쪽이 좀 이상해 자세히 살펴보니 무엇이 물었는지 여기저기가 벌겋게 부어올랐다.

식구들 모두, '저렇게 될 때까지 얼마나 가려웠을까?' 하며 물파스를 발라 주는 등 수선을 떨지만 정작 당사자는 대수롭지 않은 듯 대충 약을 바르고 곧 잊어버린다.

그래도 아이들은 안심이 안 되는지 "아빠! 안 아팠어, 괜찮아?" 하면서 걱정을 합니다. 이런 가족들의 관심은, 남들에게 예수 그리스도를 전하려고 무척 애를 쓰면서 이리저리 걱정하는 전도자들의 모습을 떠올리게 합니다. 남편의 다리처럼 감각을 잃어버린 양 아무리 가렵고 찔리고 상처를 입어도 예수 그리스도의 구원의 필요성조차도 느끼지 못할 정도로 무딘 세대들을 위해 또 외쳐봅니다.

수차례 같은 고난으로 고통을 겪었으면 연단도 될 법한데, 아니 고통의 늪에서 허우적거리는 동안은 누군가 구원의 손길이 필요할 때도 되었건만, 대책 없는 삶에 풍랑은 계속되고 평정을 찾지 못하고, 그 짓눌리는 고난의 무게 때문에 곧 배가 뒤집어 질 것 같은 상황에 부닥친 분들에게 외칩니다!

문밖에서 기다리고 계신 주님께서 들어오셔서 "너희에게 평강이 있을지어다…", 요20:21 "너희는 마음에 근심하지 말라 하나님을 믿으니 또 나를 믿으라" 요14:1라는 축복의 말씀이 임하기만 한다면, 여러분은 곧 이전에 경험하지 못한 복을 받으실 것입니다.

이 여름, 가뭄과 더위 그리고 홍수 그저 포기하거나 축 늘어져 있지 말고, 잊어버린 감각이 있다면 민감하도록 하십시오! 성령의 힘으로 되살려 활력이 넘치는 여름을 보내십시오!

사렙다 아주머니

지난주 유치부 성경공부시간엔 마지막 한 번 정도 먹을 음식이 남은 상태에서 하나님께서 그것을 다른 사람에게 주라는 말씀을 듣고 실천한 사렙다 아주머니에 대해 이야기를 나누었다.

자기의 형편을 핑계되지 않았던 아주머니는

"우린 너무 가난해요. 우리 먹을 것도 부족해요.

나누어 줄 것이 없어요. 부자에게 주라고 하세요.

옆집은 얼마나 부자인데요."

이것저것 말하지 않고 하나님 말씀대로 실천에 옮긴 그 아주머니 이야기를. 우리는 가지고 다니던 성경책이 낡아 몇 번이나 교체하도록 읽고 또 읽고 들어서 외울 정도이다. 그래서 진정한 하나님 뜻이 무엇인지 어떤 것이 축복의 통로인지 알면서도.

나를 우리를 필요로 하는 분들을 만나기라도 하면 "우리는 ○○해서 안 되고요, 저~기 저곳으로 가보세요" 하면서 잘하고 있는 남들까지 찍어다 붙이는 건 웬 일?

연결고리

지금 우리는 무엇이나 원하기만 하면 할 수 있는 시대에 살고 있다. 복잡한 일은 전문가가 하고 문제해결은 변호사가 처리하는 등 돈만 있으면 해결이 되고 무슨 물건이고 살 수 있는 풍족한 세상을 사는 것이 사실이다.

그러나 홍해의 기적이나 오병이어의 기적을 구할 필요도 없는 것 같지만, 중병으로 최고의 병원에 입원한 환자들도 한결같이 허준과 같은 명의를 만나기 원하는 바람을 갖고 있으며, 또한 누군가가 알려주고 연결해 주기를 부탁도 한다. 그렇다 분명히 내 병에 맞는 명의가 있을 수 있다. 그러나 세상윤리나 과학, 그리고 전문가도 오차가 있을 수 있다. 사람들은 한결같이 명쾌하게 해결해줄 전문가를 만나기 원하지만, 그 연결고리를 가지고 계신 분은 하나님이라는 것을 알고 있을까?

예방주사

요즈음 우리 자녀에게 맞추어야 하는 예방주사 종류가 조금만 소홀하면 잊어버리기 쉬울 정도로 무척 많다.홍역, 장티푸스, 풍진, 뇌염, 간염…

면역이 잘되어야 안심이 되기 때문에 놓치지 않으려고 체크를 하며 접종을 한다. 특히나 소아마비나 뇌염으로 장애를 입은 장애인 부모들은 더더욱 예방접종에 민감하게 대처하는 것을 볼 수 있다. 예방주사를 잘 못 맞아서 한평생을 장애로 살아온 고통을 내 사랑하는 자녀에게는 대물림하지 않겠다는 진한 사랑일 것이다.

그리고 어떤 병은 한번 걸리거나 1회 접종으로 면역되며 평생 그 병에서 보장되는 것도 있다고 한다.

그런데 우리 예수 그리스도를 믿는 사람들도 이 착각에 빠져드는 경우가 있는 것 같다. 지난날 성령 충만한 은혜를 늘 회상하며 재접종을 기피하는 경우가 종종 있다. 성도는 매번 매 순간 성령의 은혜에 흡족하게 면역되어야만 시시각각 침투하는 사탄의 병균을 물리칠 수 있다.

장애인 재활 캠프를 다녀와서

우리 가족은 장애인 캠프를 참석한 지가 10여 년이 넘은 것 같다. 처음에는 부부가 참석하다가 아이들이 태어나 아이를 안고 다음해엔 업고 그다음엔 걸으면서 참여했는데, 올해에는 초등학교 3학년과 5학년이 되어서 자기들끼리 놀아주는 시간이 많아서 홀가분하게 프로그램도 참여하고 그밖에 시간도 한결 여유를 만끽할 수가 있었다.

같은 사역을 하다 보니 직접 배우고 싶어 힘은 들지만, 가능한 참여해 보려고 애쓰는 편이다. 여러 부류의 사람들도 만나보고, 다양하고 색다른 프로그램과 창의성 계발을 위한 기대감으로 시간을 쪼개서 동참할 때마다 그 이상의 실적을 맛보게 되니 모든 일정을 마치고 돌아오는 길에는 언제나 뭔가 하고자 하는 기대감으로 들뜨곤 한다.

장애인 캠프를 참여할 때마다 느끼는 일이지만, 주최 측이나 참여한 장애인 가족들에게도 보이지 않는 하나님의 능력이 있고, 또 많은 사람이 위대하신 그분의 사랑과 능력을 체험하는 것을 보게 된다.

그뿐인가 이런 일차적 목표 외에도 자녀들에게 눈으로 보여주는 좋은 교육과 남달리 장애가정에서 자라면서 겪는 애환들을 보고 듣고 체험하면서 남들을 이해도하고 장애인가족으로 살면서 알게 모르게 입었던 피해의식이나 크고 작은 상처들을 드러내기도 하고, 치료제를 얻는 기회가 될 수도 있고, 위로와 소망을 가질 수 있으니 아이들과 동참하는 것이 얼마나 유익한지 모른다.

장애인 캠프는 단순한 만남이나 피서 정도가 결코 아니다. 재활이 잘되어 있는 많은 장애인을 만나 도전을 받기도 하지만, 하나님께서 고난을 통해 내게 주신 달란트를 발견해 잠재해 있는 능력들을 활용할 수 있는 계기를 만들어 주는 기회가 될 수도 있다.

모든 일정을 마치고 대천에서 서울까지 오면서 장애인 화장실을 찾느라 무척 애를 먹었지만, 모든 것이 감사하다. 특히 많은 인원과 휠체어를 동반한 중증장애인들을 위해 불편함 없이 여러 가지로 세심한 준비를 해서 캠프를 준비해 주신 분들에게 감사드린다.

찬미야! 괜찮아?

휴대폰으로 딸아이 학교에서 전화가 왔다.

급식 봉사하다가 위에 놓인 반찬 통을 꺼내다가 잘못해 옷을 다 버려서 집에 갈 수 없으니 옷을 가져오라는 내용이다. 다행히 다친 곳은 없다는 선생님 말씀에 안심되긴 했지만, 급히 옷을 챙겨 학교에 들어서는데 아이들이 주르르 나오면서 "찬미엄마죠? 찬미 괜찮아요!" 하면서 물어보지도 않았는데, 나를 알아보는 딸아이 반 아이들이 안심을 시킨다. 샤워를 하고 양호 선생님 옷을 입고 있는 딸을 보고 "우리 딸! 간호사 된다고 하더니 벌써 양호선생님이 되었잖아!" 하면서 데리고 왔다. 오후 내내 아니 다음날 아침까지도, 딸아이가 영 기분이 좋지 않았다. 누구든지 그런 실수 할 수 있다고, 괜찮다고 용기를 주어도 나아지지 않는다. 자꾸 캐물어 보니 어제 사건에 아이들이 자기를 놀리거나 흉볼까 봐 학교에 가기 싫다는 것이다.

만약에 엄마 생각대로 아이들이 놀리지 않고 오히려 너를 걱정해 주면 아이스크림을 사주기로 하고 겨우 달래서 학교에 보냈다. 오후가 되어서 딸아이가 콧노래를 부르며 집으로 들어선다. "엄마! 애들이 나 보고 모두 괜찮으냐고 묻고, 또 놀래지 않았느냐고 물어보던데" 하며 내 볼에다 뽀뽀하는 것이었다. "그래? 이 엄마 말이 맞지, 너를 걱정해 주는 친구들이 많아서 너는 좋겠다!"

그렇다. 우리 어른들도 가끔 실수를 한다. 그런데 그럴 때 실수하면 일의 상황은 뒷전이고 사람들에게서 쏟아지는 시선을 먼저 의식하게 된다. 그럴 때 "괜찮아!" 이 한마디면 상한 마음이 눈 녹듯 할 텐데….

복 음

두 아이를 데리고 기도원을 올라가 겨우 맨 뒷자리에 자리 잡아 예배를 드리다가 새벽녘에 내려가면서 또 한 번 복음의 능력과 그 위력을 마음 가운데 재연하면서 하나님의 실존 하심과 그 역사하심에 감탄하며 감격에 취해야 했다.

우리 조금 앞자리에 앉았던 세상에 부러울 것이 없어 보이던 그 연인들에게도 예수님은 더없이 소중했을 것이고, 머리 하얀 그 백발의 할머니에게도, 아무것도 모른 채 등에 업혀서 따라온 그 아기에게도, 유난히 세련되고 예쁘게 보였던 그 여학생에게도, 부잣집 마나님 같았던 그 아주머니에게도, 방석 하나에 엉덩이를 다 올려놓지 못해 힘들어하시던 그 중년 아주머니에게도, 넉넉한 인품을 겸비해 모든 이들에게 존경을 받을 것 같던 그 50대 남자 분에게도, 예수 믿는 친구 손에 반 강제적으로 끌리다시피 해서 우리 바로 앞에 앉아 줄곧 불평을 토로하던 그 아저씨도, 지금 뒷좌석에 누워서 잠들어 있는 두 아이에게도, 그 무엇으로도 비교될 수 없는 복음의 능력이 필요하다.

결국, 예수가 필요 없다며 고개를 저었던 그 아저씨는 설교 후 부르던 찬송가를 들으면서 눈물을 흘리기 시작하더니 복음의 위력에 항복하고야 말았다.

그뿐인가, 목사님이나 먼저 믿는 가족들이 확실하게 예수 안에 들어오기를 그렇게 강조해도 변하지 않던 분이, 또 전혀 변하리라 생각지도 않았던 성도가 오직 복음의 능력 하나로 변화되고, 연속적인 고난의 강타로 지쳐 쓰러져 모두 속수무책이라고, 그쯤이면 못 일어 날것이야 할 정도인데도 또 일어서는 성도.

각자 여러 모양과 각가지 이유를 달면서 사는 이들이지만, 복음의 능력을 듣고 믿지 못한다면 아무것도 아니다.

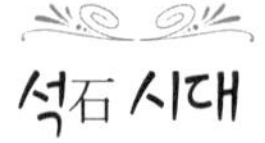

석石 시대

어느 장애인 잡지를 통해서 맹인 강영우 박사의 하시는 일과 성공담 그리고 그분의 석은옥 사모님 이름을 소개하는 내용을 보면 침 멋있고, 그 믿음대로 그의 삶을 주님께서 인도하고 계시다는 것을 너무도 분명히 알 수 있다.

지금 당장은 고통스럽고 힘든 석石의 시대이지만 곧 은의 시대, 옥의 시대가 온다는 의미로 약혼식을 기념해서 지었다고 한다. 석石의 시대는 시련과 역경으로 가득 찬 기구한 운명에 도전해서 믿음으로 승리하는 데 목적을 두었고, 은의 시대는 행복한 가정을 꾸미며 새로운 가정의 공통된 이상을 위해 준비하는 데 목적을 삼았고, 옥의 시대는 하나님께 영광을 돌리고 사회를 위해 봉사하는 삶을 산다는 목적으로 시작해 두 부부는 그 세 가지 목적을 모두 달성했다고 보인다는 내용을 읽게 되었다.

어느 시대, 어느 가정, 누구라도 석石 시대는 다 있게 마련이지만, 요즈음은 특히 그 고난을 은의 시대로 옥의 시대로 이끌어가기 어려운 때인 것 같다. 경제호황으로 길들여진 사람들이 IMF 그리고 그 이후에도 계속되는 경제 침체 그리고 몇 일전 일어난 미국에서의 대참사 사건 등으로 몰려올 여파로 말미암은 석石시대를 어떻게 전환해나가야 할지 지혜를 구해야 할 때이다.

유대인들이나 미국인들은 고난을 받을수록 단단해진다는 말이 있다. 그래서 유월절에 먹는 삶은 달걀은 그냥 있으면 물렁물렁해서 금방 깨어지나 삶으면 더욱더 단단해지는 의미가 있다고 한다. 우리는 대부분 고난과 수치스러운 날들을 어떻게 하면 숨기거나 기억하지 않으려고 하지만, 유대인들은 오히려 패배의 날을 기념한다고 한다. 고난은 은과 옥을 만들어내는 보물 창고이다. 오히려 고난을 통해 용기를 얻고 새로 시작할 기회를 다시 얻는 것이다.

몇 주 전에 고대병원선교에서 교통사고로 다리를 절단하신 분을 만났는데, "전에는 왜 그토록 예수님 만날 기회가 많았었는데…. 이제야…" 하시면서 눈물로 주님 앞에 돌아오는 순간을 지켜보게 되었습니다.

내게 닥친 위기는 기회입니다. 기도하십시오! 영원한 우리의 안식처가 되신 주님께서 도와주실 것입니다. 위기를 넘기셨다고요? 지나온 석石시대를 잊지 마십시오! 그때의 수치스러움과 패배와 좌절과 고통을 상기시키며 하나님의 자비롭고 풍성하신 은혜와 긍휼에 감사하십시오.

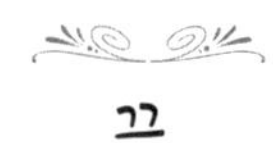

끈

사람들은 겨울만 되면 누구나 할 것 없이 끈을 찾는다고 합니다.

여러분! 겨울만 되면 너나 할 것 없이 찾는 이 끈이 무엇인지 아십니까? 그건 '따끈따끈' 이라는 끈입니다.

아무리 추운 겨울이라 할지라도 따끈따끈한 커피 한잔, 따끈따끈한 어묵 국물 한 그릇, 따끈따끈한 난로, 아니 그보다 따끈따끈한 아랫목은 어떻습니까? 이런 따끈한 이야기는 그냥 듣기만 해도, 아니 생각만 해도 우리 마음을 따뜻하고, 포근하게 만들어 줍니다. 더욱이 겨울을 앞둔 요즈음 같은 철에는 더더욱 우리 내 주변을 한결 여유롭고 풍성하게 만들어 주는 끈이라 할 수 있습니다.

우리 하나님을 믿는 믿음 생활에도 이런 끈이 있어야 따뜻한 효과가 있습니다. 바로 하나님을 믿는 믿음생활도 이처럼 마음이 따뜻해지고 동경이 되고, 평안함이 있어야 제대로 예수를 믿는다고 할 수 있습니다.

여러분은 정말, 하나님을 생각만 해도 즐겁고 기쁩니까? 스스로 진단해 보십시오?

어느 날 나 자신의 무능함과 한계를 바라보며 내 어깨가 무너지는 소리를 들으실 때는 없으셨습니까? 그 시린 내 어깨를 누구에게 보이며 누구에게 치료받기를 원하십니까? 행여 여기저기서 몰려오는 혹독한 한파와 같은 추위와 고통을 술로 푸십니까?. 아니면 동료에게 푸념으로, 그도 저도 아니면 혼자서 그 아픔을 견디어 내시나요? 그러시다면, 당신은 끈 떨어진 믿음생활을 하고 계시거나 위대하신 하나님을 잘 모르시는 것일 겁니다.

때로는 가족에게 소외감이나 외로움을 느끼실 때, 직장 동료끼리 인간관계가 원만하지 못해 괴로우실 때, 어쩔 수 없이 겪어야 하는 그 보이지 않는 상처들을 어떻게 어느 병원에서 치료받으시겠습니까?

이미 예수 안에 들어오신 여러분에게는 끈이 있습니다. 언제나 보듬어줄 따끈따끈한 주님이 계십니다.

요즈음 아이들이 가지고 다니는 ‘손 난로’를 아십니까? 차갑고 딱딱하게 식은 그 조그만 비닐 팩을 끓는 물에 넣으면 다시 부드러워지고 열이 나서 뜨거워집니다.

우리도 주님께 소원하며 기도한다면, 끝이 없는 원망이나, 한탄을, 내 인생의 고비들을 끝이 없이 쏟아내고 또 쏟아내도 그 분은 마다하지 않으시고 영원히 식지 않는 끈으로 나를 보호하며 감싸주실 것입니다.

아무리 힘든 일도, 아무리 힘든 경제도, 아무리 매섭고 추운 겨울도 데울 수 있는 끈으로 충만하시어 금년겨울도 예수의 사랑으로 따뜻하게 데우셔서, 나뿐 아니라 우리 가족 아니, 우리 이웃들에게까지 나누어 주시길 기도합니다.

우리 교회 풍경

주일이나 교회에서 행사가 있는 날이면 누구 하나 일을 선두지휘하는 사람도 없는데, 자기 할 일들을 알아서 척척, 9시부터 봉사하시는 집사님들이 교회로 나와 데리러 가야 할 장애인 성도들 집으로 향한다.

건강한 10여 명의 일꾼이 차를 가지고 혹은 그냥 두 발을 가지고, 아니면 주방으로, 장애인보조기 수리로, 화장실 안내로, 때로는 행정적인 일로, 친교봉사로 아니면 민원적인 심부름 등 모셔와서 모셔다 드리기까지 만사 척척이다.

오늘도 어김없이 시간 30전부터 속속 도착하는 휠체어 부대들, ○○형제가 뇌성마비 장애가 좀 심한 편이라 앞자리에 앉으면 예배가 산만해진다는 의견들이 있어서, 지난주부터 맨 뒤 가장자리가 ○○자리라고 누누이 일러주었건만, 자리에 앉히고 잠시 눈을 돌리는 사이 비척거리며 어느새 중간쯤으로 자리를 옮기고 씨익 웃으며 눈치를 보고 있다. 한참 예배 중 설교 말씀이 무르익을 무렵, 갑자기 ○○형제가 다급한 듯 특유의 이상한 몸짓을 하며 도움을 구한다. 누구라 할 것 없이 벌써 휠체어를 대며 자리를 비키는 등, 온 성도는 자연스럽게 일사불란하게 움직여 그야말로 몇 초 안 되어서 화장실로 직행 되었고, 그날 위기를 모면했다.

결석하는 성도가 적은 날은 교회가 비좁아 짜맞추듯이 꼭꼭 채워가며 앉아야 하는 공간이지만, 서로들 간에 훈훈한 사랑이 넘쳐 서로들 눈빛만 봐도 무엇이 필요한지, 무엇을 요구하는지, 아주 오랫동안 살아온 부부나 가족처럼 끈끈한 사랑으로 맺어진 성도들이다.

우리 목사님이나 봉사자 집사님들의 소원이 있다면, 팔려고 내놓은 교회 뒤쪽을 조금 넓혀 좀 더 장애인들이 움직일 수 있는 반경이 넓었으면 하는 것이고, 교회 나오는데 목사님이나 사모님, 봉사하시는 집사님의 인간적인 정 때문에 나오는 던 분들이 어서 속히 예수님을 확실히 영접하고 하나님의 은혜에 감사해서 충실한 일꾼 되기를 바라는 것이다.

만족하며 삽시다!

몇 년 전 교통사고로 경추를 다쳐 전신마비 장애를 입으신 40대 중반의 집사님께서 이런 말씀을 하셨습니다.

'지금 생각해 보면 집을 치장하거나 살림살이를 장만하는 등 외모를 꾸미는 일들이 아무것도 아닌데, 그때는 왜 이런 마음 갖기가 그렇게 어려웠는지 몰랐다' 며 예수로 말미암아 부요해진 마음을 자랑하신 적이 있습니다. 장애인이 되기 전에도 신앙생활을 했었지만, 늘 부족함에 허덕이는 생활을 했다는 고백입니다.

이 세상 것들은 새집으로 치장해도 곧 헌 집이 되고, 품격 있는 새 가구는 물론이고, 아무리 최신형 전자제품이라고 사도 곧 더 좋은 것이 나오고 세상 것은 끝이 없는 치장뿐이고 사람들의 욕망도 끝이 없고 전혀 만족함을 가져다주지 못합니다.

단지, 지금 우리에게 필요한 것이 있다면 주의 일을 하는 데 요긴하게 사용되는 부속물들이 있을 뿐입니다. 그 물건들이 보다 효과적으로 하나님의 뜻을 이루는 데 사용된다면 그것으로 족한 것이라고 봅니다.

그리고 꼭 가정에서 갖춰 두어야 할 것들이 있다면, 사도바울이 권면 해주신 –데살니가전서 5장 16~18절에 "항상 기뻐하라, 쉬지 말고 기도하라, 범사에 감사하라 이는 그리스도 예수 안에서 너희를 향하신 하나님의 뜻이니라"– 항상 기뻐하고, 쉬지 말고 기도하며 범사에 감사하는 것입니다.

가진 것에 대한 만족이 없고, 늘 없는 것에 대한 불편함이 생긴다면 기도해야 할 것이고, 가장 선하시게 인도해 주시는 하박국서의 여호와로 인한 감사가 그치지 않는 새해가 되시기를 기도합니다.

하박국 3장 17~18절에 "비록 무화과나무가 무성치 못하며 포도나무에 열매가 없으며 감람나무에 소출이 없으며 밭에 식물이 없으며 우리에 양이 없으며 외양간에 소가 없을지라도, 나는 여호와를 인하여 즐거워하며 나의 구원의 하나님을 인하여 기뻐하리로다"

입술은 주님 닮은 듯하나

40대 중반이라 그런지 몸이 무겁고 개운치가 않다. 할 일은 왜 그리도 많은지, 일이 손에 잘 붙질 않아 이것저것 뒤적이고 있는데, 전화벨이 울린다. "사모님! 얼른 우리 집에 좀 와!" 이유를 물어보기도 전에 뭐라고 혼잣말로 중얼중얼하시더니 수화기를 내려놓은 것 같았다.

시간도 없는데, 웬일? 늘 일방통행으로 하고 싶은 말만 하시는 분이시라 그러려니 하면서도 나를 보전하는 내 육체가 한층 더 무게를 느끼도록 반응이 온다.

지난 수요일에는 "심방 상이 다 망가졌으니 교회에서 하나 달라고"

하시기에 "이제 없으니 1만 8천 원 정도면 살 수 있으니 사서 쓰세요!" 했더니, 사모님이 그냥 하나 사다 달라시더니, 또 피아노 위에 장식용으로 진열해둔 누런 호박을 달라며 지금 담아서 차에 실어 놓아야 예배 끝나고 가져갈 수 있다는 것이다. 워낙 소문난 고집쟁이 집사님이라 한 덩이 담아서 보냈다.

즉시 안가면 또 전화 올 텐데 확인이나 해보고 가야지 하며 수화기를 들으니 "어머니가 오셨는데 사모님을 보고 가신다"라는 거였다.

벌려 놓았던 일들을 대충 정리하는 중 벌써 또 독촉 전화가 왔다. 당신이 아파트 5층에서 교회 차 타려고 내려오는 데 30분씩 걸리면서도 10분도 안 되는 그 시간을 못 기다리시는 분이다.

그냥 얼른 얼굴만 뵙고 와야지, 하면서 성경책도 챙기지 않고 달려갔더니 두 모자 분이 상을 펴놓고 예배 준비를 하고 반갑게 맞이하시는 거였다.

준비된 마음 하나 없이 빈손으로 덜렁 들어가는 나 자신이 얼마나 죄스럽고 부끄러운지 하나님 앞에 소박하고 청순하게 차려입은 그들 앞에 무릎을 꿇고 "하나님! 제가 이 정도밖에 안 되는군요" 정말 그 짧은 시간이었지만, 겸허하게 진심으로 회개하게 되었다.

그날도 나는 미쁘시고 의로우신 하나님 임재하심을 충만히 느끼며 감사함으로 예배를 드렸고, 또 적절한 말씀도 허락하셔서 권면 하는 나부터 충만한 은혜를 받게 되었다.

복음성가 가사처럼 늘 입술은 주님 닮은 듯하나 주님의 마음을 닮기에는 아직도 멀기만 하다. '그래! 내가 했다고 하지만, 모두 주님이 하게 하신 거야' 하며 입술도 생각도 주님 닮은 듯하다가 어느새 교만으로 가득 채워진 내 모습에 소스라치게 놀라며 또 '요~나' 가 문제라며 회개하며 교만으로 부풀어진 내게서 바람을 빼기 시작했다.

분명히 정신 지체도 아닌데 상식 이하의 무리한 요구나 행동을 하는 사람들을 대할 때마다 저럴 수가 있을까? 하면서 천사 아닌 천사를 가장해 주님 명령이니까 사랑하자! 주자! 베풀자! 하다 보면 주님께서는 나를 돌아볼 기회를 주신다. "그래 저 모습이 내 모습이지" 때로는 말도 안 되는 요구나 기도 제목을 가지고 또는 내가 풀다가 도저히 안 풀리면 주님께 도와달라고 무작정 때 쓰는 나와 그들이 무엇이 다를 것이 있나. 그저 주의 일에 나를 사용하신 것만 해도 감지덕지하지.

금년 여름엔 중증장애인 가족을 위해

주변에서 장애인하고 같이 사는 가족들, 특히 흔히들 심한 장애인하고 같이 사는 사람일수록 '저 사람은 정말 천사야!' 하면서 칭찬을 아끼지 않습니다.

사실 천사는 성경에 보면 사람보다 못한 존재로 영물이다. 감정이 없고 하나님의 수족처럼 움직이는 이들이고, 사람들이 천사가 되기란 더 어렵다고 봅니다. 똑같은 인간이기에 감성도 있고 먹어야 하고 쉬어야 하고 피곤하고 힘들고 고통이나 아픔도 겪어야 하기 때문입니다.

정말 무엇이 힘든지도 모르며 사랑하는 마음 하나로 장애인하고 결혼한 이들도 있고, 중도에 장애를 당하게 되어 그렇게 된 이들도 있다. 또는 불쌍히 여기며 봉사하고자 하는 마음으로 결혼까지 하는 이들도 있습니다. 그런데 가끔은 이도 저도 아닌 다른 사심 때문에 결혼을 한 이들도 보게 됩니다. 그뿐인가 장애인이 내 형제가 되기도 하고 부모님이나 자녀가 될 수도 있습니다.

어떤 고리로 연결되든지 간에 장애인하고 같은 가족이 되는 것은 참 힘든 일입니다. 어떤 질병과는 달리 장애 판정을 받으면 이 세상 끝까지 사는 동안 불편함을 느끼고 살아야 합니다. 물론 재활 정도에 따라 다르긴 하지만, 그 장애인을 제대로 재활시키려면 가족 누군가가 희생을 해야 한다고 생각합니다.

늘 장애인 가족을 접하면서 그들 뒤에 비취어지는 고난의 힘겨운 무게에 따라 움직이는 저울추의 눈금을 보면서 조금이라도 그 눈금을 가벼운 쪽으로 옮겨주고 싶은 마음이 간절합니다.

대개 장애인 자녀의 기도제목이자 꿈을 이야기하다 보면, 건강한 사람과 결혼하는 것이고 큰집에서 부자로 살고 싶다고 합니다.

그래서 올해 여름에는 이러한 취지에 따라 에벤에셀선교회 주체로 저소득층을 대상으로 한 '중증장애인 가족 캠프를 개최' 하려고 합니다. 크지도 화려하지도 않으면서 장애인가족의 애환을 주고받으며, 그들의 아픔과 고민을 조금이라도 줄일 기회로 만들어 보고자 합니다.

물론 사업비는 확정되었지만, 부족한 부분들이 아직도 많이 있습니다. 이를 위해 많은 분이 기도해주시고 도와주시리라 믿습니다.

우리 교회도 건강한 집사님이 몇 분 계셔서 우리 예배실 정도는 청소할 수 있지만, 항상 봉사자들이 일주일에 2번 정도 오셔서 해주고 계십니다. 그 이유는 우리 성도들은 늘 장애인들을 수발하고 살면서 너무 힘들어서 또다시 청소까지 시킬 수가 없기 때문입니다. 한번 사용하고 나면 엉망인 예배실과 현관 화장실 등을 2년째 봉사해주고 계신 분들은 대성교회 분들과, 고등학교 다니는 남학생 2명과, 일산에서 오시는 네명의 가족입니다.

이처럼 드러나지 않는 봉사를 오랜 세월 동안 계속하시기 어려운데도, 이분들이 매주 빠짐없이 우리 교회를 정리해주고 계시는 고마운 분들이 협력해서 선을 이루고 계십니다.

도우미

주일 지난 월요일은 같은 사역의 동역자들을 만나는 날이다.

대체적으로 맑은 공기와 자연을 접하기 위해서 시골근교에서 예배나 모임이 있게 되면 되도록 많이 참석을 하게 된다. 또 가끔 오후나 저녁에는 각종 교육에 참여를 하게 되는데, 주로 강남쪽을 더듬고 드나들게 된다. 이런 날은 하루 동안 극과 극의 환경을 체험하는 셈이다. 일주일동안 쌓였던 피로를 동병상련同病相憐을 느낄 수 있는 동역자들과 마음껏 웃고 즐기다가 저녁에는 도시속으로 들어와 또 다른 환경의 사람들과 교제도하고, 강의도 들으면서 아주 작아진 내 모습을 발견하기도 하고, 속이 텅 빈 내 모습에 소스라치게 놀라기도 하면서 새로운 나를 만들어가고 있다. 장애인 남편 덕분에 비싼 강의료도 안내고 도우미로 참석해 많은 것을 얻어가면서 미안한 마음도 있다.

장애인 사역을 하다 보니 항상 다른 도우미와 같이 동행해서 일을 하게 된다. 그런데 가끔 자원 봉사자를 보면서, '저 모습이 아닌데…' 하는 안타까움을 지울 수가 없다. 봉사자들이 처음에는 주님 사랑하는 감사와 뜨거운 열정에서 섬기기를 시작했지만, 곧 지쳐버리거나 봉사를 하면서 자기충족이나 명예욕이 습관화되기도 하고, 어떤 경우에는 교회 중심적인 생활에서 이탈하는 경우도 있고 때로는 가정을 소홀히 하면서 봉사자로 나서는 경우도 종종 보게 된다.

어떤 봉사자들은 같은 성도들보다 약간 우월성을 가지고 있기 때문에 교회의 정기적인 교육이나 훈련을 기피하게 되고, 이미 자신은 장성한 분량에 도달한 자처럼 생각할 수도 있다. 간혹 참되게 주님의 이름으로 봉사하는 많은 분들에게 피해를 주거나 심지어는 섬김을 받는 분들에게 본이 되지 못하는 경우도 있다.

이런 분들은 교회생활중심에서 다시 훈련되어져야 하며, 또 충실한 봉사자 교육을 통해 재충전이 되어 효과적이고 주님이 원하시는 올바른 섬김의 자세로 봉사에 임해야 한다.

그래서 한 영혼을 사랑하고 구원하는 사명감을 가지고 힘들고 소외된 이들을 도울 때 육신의 불편한 그 순간을 돕는 정도가 아니라 섬김을 받는 이들의 영혼과 마음까지도 헤아려 잘 인도하고 섬기고 도와야 진정한 도우미라고 할 수 있겠다.

진정한 멘토자

오래 전 지독히 공부를 하고 싶었던 시절이 있었는데, 그때는 그 어떤 분명한 꿈이 없었던 것 같다. 그래서인지 계속 일이 틀어지고 진학의 길이 막히곤 했다. 그런데 공부해서 어떤 일을 할 것인가? 어떤 과를 선택할 것인가? 그 길이 과연 주를 위한 영광인가? 하는 아무런 결정이 없는 상태에서 그저 막연히 내 인생 실패에 대한 보상이나 수단 정도로 공부에 대한 집착 내지는 욕심이었다는 것을 알게 된 것은 한참 뒤였다.

마음을 정착시키지 못하고 허둥대는 삶을 살고 있을 즈음 나를 위해 멘토를 시작하신 분이 계셨다.

특별히 내게 물질적인 도움이나 그 어떤 눈에 보이는 혜택을 받지는 않았다. 그러나 하나님께서는 꼭 적절한 시기에 만나게 하셔서 몇 년간이지만 아주 중요한시기에 그 역할을 감당하게 하셨다. 이미 고인이 되었지만 그 멘토자의 의도는 20년이 넘도록 오늘까지도 내 잠재의식 가운데 나를 리더하며 좌절하지 않고 할 수 있도록 힘을 불어 넣어 주시는 듯하다.

그분은 서서히 긍정적이고 적극적으로 또 할 수 있다는 자신감을 불어 넣어주는 책을 주기적으로 권하기를 몇 년, 쓸모없이 버려지고 황폐해져 가는 마음의 밭을 다시 기경 할 수 있도록 장비책를 가져다주었고, 가능성을 예견하며 하나님 안에 온전히 거하도록 까지 멘토를 해주셨다. 몇 년이 못 되어 그 분이 목표한대로 예전의 나는 버려지고 주님 안에 들어와 거하며 주님의 인도함을 받게 되었고, 참으로 기쁘고 즐거운 새로운 삶의 시작이란 것을 깨우치게 되었다.

그러면서 그저 막연했던 꿈들이 현실화되어가고 요나와 같은 나를 발견하더니, 그 어렵게만 느껴지던 훈련의 날들이 나를 쓰시고자 하신 주님의 계획이었음에 감사를 드리게도 되었다. 나 같은 자도 해야 할 분명한 일들로 가득하다는 것을 알게 되자 행복한 비명으로 소리치고 싶을 때도 있었다.

간혹 육신이 지치고 피곤함으로 찌들어 게임 아웃 당한 선수처럼 일을 접고 싶다가도 책을 읽거나 훈련받고 배우면서 또는 나를 멘토 해주고 있는 분들에게서 기운 낼 수 있는 계기를 만들고 있다. 또 비워져 있는 내실을 다시 가득 채워 풍성해지면 또 누군가에게 나눌 수 있게 되니 언제나 새로운 것을 접할 때나 배울 때는 가슴 부풀게 된다.

이렇게 지난날의 그런 뜨거운 마음이 재연되는 날이면, 밤이 오는 것이 싫어지고 벌써 갱년기를 코앞에 둔 내 나이를 더 연장 받고 싶어진다. 하루해를 이리저리 동분서주 하다보면 어느새 늦은 밤을 맞이하게 되고, 밤이 깊어질수록 못 다한 일에 대한 아쉬움을 품은 채 어서 속히 날이 밝아오길 기다리며 잠을 뒤척인다.

하늘나라에 가신 나의 아버지!

친정아버지께서 60대 중반에 고혈압으로 병원에서 속수무책일 때 예수를 영접하시고 위기를 모면하셨다. 그 후 10년 동안이나 교회를 다니시면서도 성령 충만 받지 못하고 예수 안에서 얻을 수 있는 평강을 누리시지 못하시다가 다시 뇌졸중으로 쓰러지셨다.

그런데 감사한 것은 육신은 망가졌지만 그때부터 성령을 충만히 받으셨고 잠들때마다 천국을 경험하시면서 영안으로 세상을 보시게 되셨다. 병실에서 만난 아버지는 이전 모습이 아니셨다. 눈물을 쏟으시며 '진작 예수를 잘 믿을 수 있었다면…세상에서 내가 할 일이 이렇게 많은 줄을 몰랐네…' 하시면서 아쉬워하시던 모습이 역력하다.

그땐, 아버지의 영적인 구원을 위해 기도하던 응답이구나! 싶어서 좋기만 했었는데, 세월이 가면 갈수록 그 때 아버지의 모습이 내게 교훈 되어서 시간이 다하기 전 내 사명을 충실히 감당하고자 힘쓴다.

결혼전에도 늘 시간만 나면 여기저기 봉사를 다니던 딸이 결혼도 장애인 남편에게 봉사하러 간줄 믿으며 어쩌다 친정에 가면 기왕 봉사하기로 작정했으면 끝까지 잘 해야 한다고 어서 가라고 말씀하시던 아버지에게 '아버지! 이 결혼은 봉사가 아니고요. 아버지 사위는 하나님께서 제게 짝 지어 주신 배필이구요, 봉사가 아니라 제가 사랑해서 하는 결혼이라구요' 늘 마음속으로만 이렇게 말씀 드리며 마음 아파하시는 아버지께 늘 죄인이었다. 그런데 아버지는 성령을 체험 하시면서 딸의 결혼이 하나님의 섭리이며 축복된 결혼인 것을 아시고 천국으로 가시게 되셨다. 이것도 하나님의 은혜요 섭리가 아닌가. '아버지! 예수 잘 믿으시다 천국가셔서 제가 얼마나 기쁜지 모르시지요? 고마워요 사랑해요!'

손 님

금요저녁기도회를 마치고 늦은 저녁상 앞에 앉았는데, 영 잘 넘어가질 않는다. 잊을 만하면 예고 없이 찾아오시는 손님 때문이다. 낮 시간에 찾아오는 분은 별문제가 아닌데, 밤손님이 문제이다. 치매로 길 잃은 노인인지, 정신이상자인지, 노숙자인지, 정말 교통비가 떨어진 여행객인지, 남녀노소 구분이 없고 아니 때로는 부부가 올 때도 있다.

또 간혹 취객이나 몸이 아픈 사람도 있고, 돈을 빌리려 오는 사람 등 전혀 사전에 아무런 약속 없이 찾아오는 사람들이 많다. 낮에는 그들이 수긍 할지는 모르지만, 자립할 수 있는 길을 설명도하고 도움이 필요하면 안내도 하지만, 오늘처럼 늦은 시간에 오시는 분들은 잠자리 요청이 기본이라 그들의 요구를 충족시킬 수가 없다.

한결같이, 핑계 없이 찾아오는 사람은 한 분도 없다. 구구절절한 사연을 앉고 교회에서 무조건 도와주기를 바라고 찾아온 이들이고, 대부분 다른 이웃교회를 거쳐 온 이들이지만, 숙박을 해줄 여건은 도무지 안 되고, 근처 식당에서 식사 한 끼와 약간의 여비 정도로 끝을 맺는다.

간혹, 난폭한 사람도 있고, 오자마자 바닥에 벌렁 누워버리고 못 일어나겠다는 사람, 만취가 되어 당장에라도 시비를 걸고 싸우겠다는 사람, 상습적인 단골손님, 대낮부터 만취가 되어 돌아다니다가 기도회가 끝나기를 졸면서 기다리고 앉았다가 돈 빌려달라는 속수무책의 젊은이, 그런데 가끔은 그 가운데도 양심이 있는 이들이 더러 있다.

우리 교회 성도들의 상황을 설명하거나 죽 둘러 보이고 나서 "무엇을 도와 드릴까요?" 하며 필요한 물품이나 여비를 주며 "돈 좀 많이 벌어서 우리 교회 헌금 좀 내세요!" 하면서 돌려보내면, 조금 의식이 깨어 있는 분들도 있다. 어떤 이는 돈을 도로 돌려주기도 하고, 죄송하다며 몇 번이고 인사를 하며 뒷걸음으로 나가는 이들도 있다. 그런 이가 다시 우리 교회에 직업 삼아 들리는 일은 없다.

가끔 119차가 오고 경찰차가 오지만, 비교적 조용히 끝내고 나면, 그 사람 때문에 난처함을 겪은 이웃 분들이 어떻게 해결했느냐고 의아해 한다. 정말이지, 이런 부수적인 목회가 정상적인 성도들의 목회보다 훨씬 어렵다. 오랫동안 진통을 겪으면서 그분들의 요구조건을 처리하는 것도 힘들지만, 정말 괴롭고 힘든 것은 간단히 해결할 때이다.

우리 교회를 찾아온 그분들이 꼭 도움이 필요해서였는데, 그저 단순하게 내 알량한 수단과 지혜로 신속히 별 무리 없이 그분들을 돌려보낼 때이다. 그런 손님이 다녀간 밤은 마음 편히 일할 수도 잘 수도 없다. 오늘도 기도회 시간에 온통 그 기도뿐이었다.

"하나님! 제발 제 앞에 앉아 있는 저분에게 어떻게 해야 하는지, 영분별하게 하소서! 지혜를 주소서! 강도 만난 자라면 그의 이웃인 사마리아인이 되게 하소서!"

오늘도 늦은 시간에 불이 켜져 있고 문이 열린 우리 교회 안으로 어떤 남자가 들어선다. 엷은 미소를 지으며 "이 교회는 계단도 없고 1층이라 들어오기도 좋아요!" 하면서 도움을 요청하는 분이다.

그럴 것이 요즈음 교회들이 매일 문이 잠겨 있고, 모두 계단 아니면, 2층 아니, 5층에 있는 교회도 있는데, 부실한 몸을 가지고 그렇게 몇 층씩이나 올라갔는데 문이 잠기기라도 했으면 얼마나 허탈했겠는가?

십자가를 사랑하는 자

예수님과 그 천국을 사랑하는 사람은 많이 있지만 이 땅 위에서 예수님의 십자가를 지니고 사는 사람은 매우 적은 것 같다.

주님의 위로를 받고자 하는 사람은 많이 있으나 그와 함께 고난을 받고자 하는 사람은 찾아보기 어렵다. 그와 함께 만찬을 나누고자 하는 사람은 많으나 금식을 같이하고자 하는 사람도 적다. 많은 사람이 그분의 기적에 경탄하지만, 십자가의 고통과 수치를 함께 하려는 사람도 거의 없다.

핍박과 어려움이 닥치기 전에는 많은 사람이 예수님을 사랑합니다! 그들이 예수님으로부터 어떤 위로를 받는 동안은 많은 사람이 주님을 찬양합니다!라고 주저 없이 고백한다.

그러나 예수께서 그들을 떠난듯하거나 숨은 듯 보이지 않고 위로를 거두어 가신 듯하면 사람들은 곧장 불평을 말하거나 낙담에 빠지고 만다.

주님의 십자가를 사랑한다고 고백하는 자라면 적어도 자기 자신의 특별한 만족이나 위안을 위하여 그분을 사랑하진 않는다. 어떤 환난과 마음의 고통 가운데서도 최상의 위로와 기쁨을 누리던 때와 마찬가지로 그분을 사랑하고 찬양한다.

비록 주님께서 위로를 전혀 내려주시지 않는다 하더라도 나와 십자가의 의미를 연관 지을 수 있다면 분명히 그는 주님의 십자가를 사랑한다고 말할 수 있겠지?

장애우 가족초청 위로잔치를 계획하면서

장애인의 날이 있는 4월 장애우 가족을 위한 프로그램을 고심하던 중, 선교회 이사님들께서 전적인 후원을 해주시겠다고 하셔서 우리 교회를 중심으로 장애인 가족을 초청해 위로의 시간을 준비하게 되었습니다.

그런데 말이 위로잔치이지 사실 우리가 준비한 프로그램으로 얼마나 어떤 위로가 될지는 미지수입니다. 장애인 그리고 그들과 더불어 사는 가족들, 그리고 사전에 부모가 장애인이라는 사실을 알지도 못하고 태어난 우리의 아이들, 혹 그 장애를 대물림받는 아이들도 있고, 부모가 건강함에도 장애아를 맞이해야 하는 등, 그 가족들의 고통과 애로사항들을 우리가 감히 어떻게 무엇으로 위로하며 그 상처를 치료할 수 있겠습니까?

다만, 우리가 장애인가족으로 20년 이상을 살아오면서 깨닫게 된 것이 있다면 많은 이웃이나 형제들의 인식개선과 편견이 없이 대해주는 것이 가장 큰 위로이며 도움이었다고 봅니다. 그리고 그 근본적인 위로와 도움이라면 우리를 창조하시고 섭리하고 계시는 하나님의 전폭적인 도움이 가장 크고 변함없는 위로라고 믿습니다.

그분이 나의 변치 않는 영원한 후원자요, 진정한 위로자였습니다.

그러므로 이번이 위로 행사 중에 장애우 가족들에게 구원자요, 위로자인 하나님을 소개하며 결연시키는 날이 되기를 간절히 소망합니다.

"제가 하겠나이다!"

황사가 무척 심한 기간에 바자회를 해서인지, 행사를 마치자 기침을 시작하는가 했더니 이내 기관지염이 심해졌는지, 누우면 숨이 차서 앉아서 밤을 지새우고서야 병원을 찾게 되었습니다. 연속 이틀째 혈관주사까지 맞아가며 여러 일을 보게 되었습니다.

그러던 중 우리 교회를 후원해 주시는 ○○교회에서 전화가 왔습니다. "사모님들 초청 세미나가 있는데, 사모님은 참석하시기가 어렵지요? 아주 좋은 프로그램인데요." 내일까지 연락을 주겠노라며 수화기를 놓고 달력을 보니, 월·화·수 3일 모두 일정이 계획된 상태였습니다. 아니, 그보다 결혼한 이후 내 손을 꼭 필요로 하는 세 식구를 두고 나 홀로 집을 떠나 밤을 넘긴 적이 한 번도 없어서 2박3일을 훌쩍 떠나, 나만을 위한 시간을 쓴다는 것은 상상치도 못할 일이었습니다. 그동안 학교에서 엠티나 졸업여행 아니 기도원을 가더라도 부부가 같이 가거나 가족이 동반하지 않으면 포기해야만 했습니다.

늘 겪는 일이지만, 이번 바자회 같은 큰 행사나 일을 치르고 나면 겹겹이 쌓인 피로와 왠지 모를 공허함과 허전함으로 주체할 수 없는 외로움에 빠져 마치 바람 빠진 풍선모양으로 한구석에 나뒹구는 모습을 종종 볼 때가 있습니다.

그럴 때마다 영과 육을 추스르며 나의 영원한 후원자인 주께 자문을 구하곤 합니다. 하나님 뜻을 이루는 일이었는가? 구색 맞추는 프로그램의 성취욕이었는가? 아니면 인간을 기쁘게 하고자 하는 일이었는가?

요즈음 들어 바쁘다는 말을 하기가 부끄럽고 죄스럽습니다. 누구를 위해, 무엇을 위해 그토록 바쁘게 뛰는가? 많은 잡일을 제거하고 싶고, 정말 귀한 진주를 잃어버리는 것은 아닌가? 작고 하찮게 여겨지는 내 아이들, 그리고 열서너 명밖에 안 되는 아동부지만, 중요한 목회의 장으로 여기며 더 큰 비전을 가지고 싶고, 예배당 가득 채워지는 북적거림에서 얻는 포만감도 좋지만, 분명히 우리 교회 안에 있으면서도 하나님을 만나지 못해 아직도 향방을 몰라 허우적대는 그 한 사람을 소중히 여기며 뜨겁게 사랑하고 싶습니다.

온종일 사모 수련회에 참여하는 것은 무리겠지? 하는 고민을 하다가 어느 순간 뇌리에 스치는 것이 있었습니다. '그래 내가 살아야 남도 살린다!' 사흘 동안의 모든 일을 포기하기로 작정하고 하늘만 보이는 산행으로 떠날 것을 결심했습니다.

예약된 일들을 취소할 것은 취소하고 포기할 것은 포기하기로 했습니다. 잃은 것보다 얻는 것이 많기를 기도하며 많은 일보다 나만을 위한 시간과 묵상이 필요하다는 것을 깨닫게 되니 무척 기뻤고, 내가 확실하게 서야 내조도 잘하고, 자녀도 잘 양육하고 내게 주어진 사역도 잘 감당할 수 있다는 확신이 서게 되니 한결 가벼운 마음으로 참석하도록 하시는 주님의 배려와 인도가 확실했다.

가평에 있는 수양관을 향해 산속을 굽이굽이 돌아갈 때마다 나만이 해야 한다는 일에 대한 애착 같은 것을 하나하나 벗어버렸다. 하나님의 뜻을 향해 조금이라도 더 성숙하여 하산하기를 소원하며, 오직 주만 바라며 사모하는 마음으로 집에다 전화 한 통 하지 못하고, 시간마다 충실했습니다.

말씀을 통해 나도 모르는 사이에 틀어진 방향을 보게 되었다. 사도행전 1장 8절의 말씀을 통해서—오직 성령이 너희에게 임하시면 너희가 권능을 받고 예루살렘과 온 유대와 사마리아와 땅끝까지 이르러 내 증인이 되리라 하시니라—나의 삶이 증인 된 삶과는 동떨어진 일에 많은 체력을 소모하고 있음을 회개하며, 또다시 성령의 충만함으로 재충전되어 증인 되겠다는 다짐과 애타게 엄마의 사랑을 기다리고 있을 자녀에 대한 소중함과 가정목회의 중요성 등, 그리고 먹어서 몸에 유익한 음식이라도 변질되면 오히려 심한 질병을 일으키거나 저항력이 약한 이들에게는 생명까지 위험하듯이 생명을 살리는 교회가 부패하고 타락하면 오히려 악의 도구가 될 수 있음을 재인식하게 되었습니다.

그리고 내려오기 전 "하산해도 세상은 하나도 변함없이 그대로입니다. 단지 여러분이 변했을 뿐입니다"라는 강사님의 말씀을 깊이 새기며, 깊은 겨울잠에서 깨어나듯이 상쾌한 마음으로 연장을 손질하고 추수를 꿈꾸며 밭으로 향하는 농부처럼 "제가 가겠나이다"라는 고백과 함께 내가 사랑해야 할 곳으로 하산했습니다.

기간 내내 섬김의 본을 보이며 몸으로 전수해주셨던 많은 분과 주최하신 교회에 대한 감사를 '나도 또 다른 사람들에게 전수해야겠지' 라는 고백을 합니다.

잔액 부족

바쁘다는 핑계로 가계부 정리를 통 못한 채 월말이 되어 자동이체 나가는 금액을 확인하려고 보니 빠져나가야 하는 금액이 안 나갔다. 벌써 끝났을 리가 없는데 하며 전화를 해보니 '잔액부족'이라는 것이었다. 통장마다 펼쳐보아도 찾을 수 있는 금액이 없다. 어림잡아도 수입보다는 지출이 많을 때가 대부분이었는데….

잔액부족! 잔액부족! 그 네 글자가 머릿속에서 빙빙 돌더니 누군가 내게 다른 안경으로 바꿔서 씌워준 모양이다.

내가 보는 것마다 부족하거나 바닥나고 없는 것만 보이는 신기한 안경이다.

"아니 산 지도 얼마 안 되는데 잡곡이 벌써 다…. 응? 달걀은 언제 다 먹은 거야! 참기름도! 진간장도! 치약 사다 놓은 것도 없잖아! 정수기 필터도 교환해야 하고, 오늘 찬미 피아노 교습비도 가져가는 날이고, 세탁소도 가야 하는데. 아니 하필 이럴 때 돈을 빌리러 온담…."

평소에는 잘 보이지도 않던 것들이 모두가 '잔액부족'이라는 안경을 쓰고 나니 자세히도 보였다. '요렇게 잘 보이는 이 많은 것을 나 혼자 볼 수는 없지' 하며 보일 때마다 큰소리로 "여보! 여기도! 저기도!" 하며 고통분담을 하듯 외쳐댔다. 한참을 그러다가 세면장 거울 앞에 서서 내가 지금 쓰고 있는 안경을 보려고 하는데, 변기 쪽에서 아주 작게 졸졸거리며 물새는 소리가 들려왔다. "이런 또 보이네! 여보!" 하며 방을 향해 남편을 불렀더니 "또 뭐가 떨어졌소?" 하는 응답이 왔다. 늘 듣던 그 차분한 음성을 듣는 순간 "지난번 수리했는데, 또 변기에 물이 새는가 봐요" 라고 분명히 말하려고 하는데 갑자기 내 입에서 튀어나오는 말이 "그게 아니고요. 내 기도가 떨어졌다구요"

할렐루야! 그렇다! 잔액부족이 문제가 아니고 기도가 부족한 것이 문제였다.

하나님! 한 번도 나를 실망 킨 적 없으시고, 공평과 은혜로 언제나 나를 지키셨네

오! 신실하신 주, 오! 신실하신 주

내 너를 떠나지도 않으리라 내 너를 버리지도 않으리라

약속하셨던 주님 그 약속을 지키사 이후로도 영원토록 나를 지키시리라 확신하네

'잔액부족' 이라는 안경을 벗겨주신 주님께 이 찬양으로도 부족하리만큼 엄청난 은혜를 또 받았다.

예수 안에서는 '설상가상雪上加霜' 이라는 용어보다는 언제나 '전화위복轉禍爲福' 만이 있을 뿐이다.

힘이 없고 네 마음 연약할 때 능력의 주님 바라보아라!

주일 5~6회 예배를 마치고 집에 들어오는 날이면, 어느 날은 온몸이 마른 솜같이 가벼워 새처럼 금방이라도 하늘을 날듯하다가도 오늘 같은 날은 물에 젖은 솜뭉치처럼 피곤이 뚝뚝 떨어지는 날도 있다.

매 주일 저녁 메뉴는 점심에 남은 반찬 2가지 정도와 식은 밥을 전자레인지에 2~3분 돌려 상을 차리면 된다. 늘 신세대 고정메뉴만 찾

던 아들 녀석도 유별난 딸도 진수성찬 못지않게 포만감을 느끼도록 맛있게 많이 먹는다.

어른들은 아침부터 바빠서 못 먹고, 점심은 성도들 챙기다 보면 차분히 먹을 수 있는 여유가 없어서이고, 초등학교 다니는 아이들은 스스로 알아서 먹어야 하니까 끼니를 대충 넘기게 되다 보니 저녁밥이 어찌 맛있지 않겠는가?

또 거기다가 큰 몫을 하는 것이 있다면, 주일의 모든 일이 은혜 중 마치게 되거나, 성도들 가정에도 별문제가 없고, 결석하는 성도가 없고, 마음에 아무런 앙금 같은 것이 남아 있지 않은 주일 저녁이면 우리 가족은 저녁을 맛있게 먹을 수 있고, 또 몸과 마음을 편히 쉬며 여유롭게 내일을 구상할 수도 있다.

그런데 오늘은 미련한 당나귀처럼 꾀를 쓴 것도 아닌데, 물에 빠졌다 나온 솜뭉치처럼 너무나 무거워서 저녁밥은 물론, 아이들의 대수롭지 않은 요구 사항에도 혈압이 상승한다.

오후부터 원인 모르게 머리가 아프기 시작했고, 서서히 중압감이 가슴 깊은 곳에서부터 밀려오는 것을 느낄 수 있었다.

원인을 찾아야 하긴 하는데…. 그럴 공간과 시간이 없다. 늦은 저녁에 집에 들어서니 아이들이 "먹을 간식이 없고, 원하는 반찬도 하나도 없다느니, 내일 준비물을 사야 한다느니" 하면서 투덜대며 가세를 한다. 그뿐인가 토요일 오후부터 주일까지 교회에서 보내고 집으로 오니 현관 앞부터 내 손을 기다리는 일들이 다투며 튀어나온다.

저녁상을 치우며 싱크대 수도꼭지를 틀었다. 쫙~쏟아지는 물소리와 함께 이리저리 엉클어지고 눌리고 묶인 이 내 마음을 풀어서 마음대로 흘려보내고 싶어진다.

모든 사람 대부분이 쓸데없는 걱정으로 몸살을 앓는다고 하는데, 내 경우도 그럴까? 성도들을 향한 목자의 심정이 많아지는 날이면 성도들의 아픔과 고민을 같이 앓는다.

그뿐만 아니라 그 흔적과 여운도 아주 길게 남게 된다. 반대로 이런 목자의 심정이 희미해지는 날들은 내면과의 고민과 갈등으로 한없이 초연해진다. '난 주님을 위해 얼마나 영향력을 끼치는 사람인가? 분명히, 이건 아니지' 하며 한 단계 더 성숙을 위한 몸부림으로 생병을 앓게 된다.

스트레스 때문에 큰아이가 원형 탈모가 생겼다고 하소연하던 친구 얼굴, 신경을 많이 써 원형 탈모가 생겼다던 우리 교회 집사님, 남편의 알코올 중독 때문에 탈모가 되었다며 모자를 자주 쓰고 다니시던 이웃 아주머니 얼굴이 떠오른다. 근자에 들어 우리 부부 또래의 목사님들의 수명이 단축되었다고, 아니 그보다 사모님들이 더 일찍 병에 걸리거나 사망한다는 기사를 본 기억이 난다.

세상근심이 아니고 생명을 살리는 주님 뜻대로 하는 근심 때문에 죽기를 소망하면서….

눈물을 흘리며 씨를 뿌리는 자는 기쁨으로 거두리로다_{시126:5}

아주 길고 긴 여름을 보낸 것 같습니다. 며칠째 계속 티 한 점 없이 맑고 푸르른 가을 하늘을 접하는 마음에 감회가 새로운 분들이 많을 거라는 생각에 앞서 수해현장에서 복구에 열을 올리시는 분들에게 돕지 못하는 송구함과 아울러 이웃의 아픔을 겪거나 보지 못하며 지내는 우리의 아이들을 어떻게 가르쳐야 할지 하는 많은 생각을 해 봅니다.

가끔 요즘 10대 아이들과 눈높이를 같이해 가르치고 설교할 때와 전혀 다른 모습으로 그들과 어울리다 보면 이해라고 하기보다 견디기 힘든 나를 발견하게 됩니다. 수재의연금만 해도 그저 의무적으로 한 번 내면 그만이지 왜 그들을 더 도와야 하는지 나하고 무슨 상관이 있는지 마음은 전혀 관심도 없는 아이들, 그 어떤 끈끈한 인간미나 정 같은 것을 찾아보기 힘든 아이들입니다.

어느 날 독서퀴즈대회로 시험을 보고 온 초등학교 4학년 딸아이가 학교에서 돌아오며 내게 따져 묻기를 "엄마! 왜? 시험을 못 본다고 야단을 맞아야 하는 거야, 누가 시험 잘 못 보고 싶은 사람이 있나? 해도 안 되는데 어떻게 하라고…"하며, 같은 반 누군가 집에 가면 엄마에게 시험 잘 못 보았다고 야단맞을 걱정하는 것을 변호라도 하는 건지, 아니면 미리 자기를 위한 연막인지, 요즈음 아이들은 그 나이 우리로는 믿기 어려우리만큼 논리에 맞게 자기들의 주장을 분명하게 말할 줄 압니다.

또 어느 날은 딸아이 메모장을 열어보다 보니 여자아이들끼리 계획을 짜서 토요일마다 공원 혹은 서점이나 수영장 등을 가는데, 시간과 약속 장소 밑에 별표를 해놓고 '절대 동생은 데려오지 말 것, 만약에 그런 사람은 빠질 것'이라고 적혀 있었다. 아니? 이렇게 매몰차게…. 딸아이를 불러놓고 이런저런 이야기를 하며 "동생이 있어 돌보아줄 사람이 없거나 따라온다고 하면 데리고 가야 하지 않겠느냐?"라고 설득을 했더니 단 한마디로 "동생들이 따라오면 귀찮아! 그런 애들은 안 가면 되지!"라고 말하는 겁니다.

어떤 아이 엄마가 자기 자녀를 보고 기가 막혀 할 말을 잃었다며 이런 이야기를 해 준 적이 있습니다. 자기 아이들이 엄마를 얼마나 소중히 여기나 보려고 "만약에 엄마 아빠가 갑자기 죽으면 너희 둘이 살 수 있니?"하고 물어보며 내심 "안돼! 엄마 아빠 없으면 우리끼리 어떻게 살아 죽지마!"라는 대답을 은근히 기대하며 물었답니다. 그런데 두 아이 한다는 말이 여자아이는 "나 밥 못하는데…. 미리 가르쳐주세요. 아니 못하면 사 먹으면 되지!" 또 남자아이는 "엄마 아빠 통장 어디 있는지 미리 나에게만 살짝 알려 주세요"하더라는 겁니다.

그렇습니다. 지금 초등학생 정도면 누구나 충분히 할 수 있는 대답들이라고 봅니다. 그래도 가끔 오래전 초·중·고 때 가르쳤던 아이들에게서 10년, 20년이 지난 지금, 소식을 전해주며 하나님의 자녀로 성실하게 살아가고 있다는 소식을 보내옵니다. 그때는 가르치는 방법이나 기교가 익숙지 못했습니다. 그러나 그저 아이들을 사랑하는 마음으로 긴 밤이 언제 새는 줄도 모르고 내가 만나고 체험한 예수를 어떻게 소개할 것인가에 대해 고민하고 연구하며 기도하고 또 가르치는 연습을 했습니다. 그 결과 옥토에 하나님의 말씀의 씨가 떨어져 열매를 맺어 가는 그 모습을 보게도 됩니다.

예전이나 지금이나 변함없는 그 씨앗을 실망하지 말고 더 열심히 하나님의 자녀를 위해 뿌리고 가꾸렵니다.

여호와! 나의 하나님께 영광 드립니다!

36평 땅 안에 20평 정도의 조립식으로 지어진 에벤에셀교회당이 만 4년 만에 부채를 다 갚게 되었다. 이보다 큰 땅 큰 건물을 소유한 사람이 보면, 그 정도를 가지고 하며 웃을지 모르지만, 우리 성도들로는 아주 큰 일이었다. 빚을 갚고 은행을 나오며 가슴 뿌듯함을 느끼며 내 마음은 곧바로 많은 구상으로 몰입되었다.

이제 뒤쪽으로 땅을 사서 예배실을 더 넓히고 방음도 잘되게 다시 공사를 해야겠지, 장애인 화장실을 더 만들고, 또 있을 곳이 없어 주일마다 이리저리 몰려다니는 아이들을 위해 교육관도 만들고 아니 2층을 올려 비좁은 사택도 옮기고 목사님 방에 침대도 넣어 드려야지….

온종일 이런저런 구상으로 시간이 모자를 정도로 바쁘게 지내다 심야 기도회 시간을 맞아 참석했다. 기도회 시간 찬양이 시작되었는데, 내 속에서는 아직 아까 하던 그 설계가 계속 되고 있었다.

그동안 얼마나 마음고생이 심했는가? 안방에서부터 시작된 예배실, 상가에 세를 얻으려고 갈 때마다 "1층에 교회는 줄 수 없다!"라고 거절당하기를 1년, 그러다 겨우 얻은 곳은 전혀 방음이 안 되어 예배시간 내내 이웃 주민들 눈총 때문에 가슴 졸이던 곳이다. 우리 아이들이 세상에서 제일 작은 교회는 우리 에벤에셀교회라고 창피해 하던 일, 그뿐인가 어른 성도조차 작은 우리 교회 이름을 주저하며 알만 한 큰 교회를 다닌다고 하던 일, 한번 바자회를 할 때마다 한 달 내내 물건을 수집하러 다니다 무릎관절로 고생하던 일 등, 또 지체장애인 목사님이 침대생활을 해야 하는데 집이 좁아서 휠체어조차 탈 수 없으니 좀 더 큰 집에서 살아야 한다는 등 지난날에 힘들었던 일들을 떠올리며 어느새 당연한 듯 요구조건들을 나열해 나갔다. 이쯤에서 이 정도의 설계는 할 수 있지 않을까? 하며 당당해하고 있는데….

어느새 두 번째 찬송가 331장가 들려옵니다.

나 주를 멀리 떠났다 이제 옵니다.
나 죄의 길에 시달려 주여 옵니다.
나 이제 왔으니 내 집을 찾아

이 곡은 잠시 주를 떠나 방황하다가 다시 예수님 품에 돌아와 처음으로 은혜를 체험했던 찬송이다. 그제야 나는 정신을 차리고 찬양을 부르며 마음속으로 기도하기를 시작했다. 하나님! 제가 지금 무엇을 하고 있나요? 주를 떠나 방황하던 나를 부르시며 확실한 소명을 주셨는데, 천하보다 귀한 한 영혼을 위해 오직 순수한 양을 위해 일하는 목자로 기도하며 말씀을 전하고 가르치는 자로 보내셨는데…. 길 잃은 양을 찾는 데 주력하는 것이 아니라 쾌적한 안식처를 찾고 있는 것이 아닌가요? 환경이 두려워 다시스로 가는 요나가 바로 나인 것을…. 계속해서 찬송가 355장을 부르면서 회개의 절정을 이루게 되었다. 특수 목회에 대한 확실한 해명을 받기 전까지 한 번도 이 찬송가 355장 부름 받아 나선이 몸 어디든지 가오리다. 특히 아골 골짝 빈들에도…. 이 가사를 부르지 않고 얼버무려 넘어가다가 작정 금식기도 후 확실한 소명감을 받고 자신 있게 불렀던 찬양이 아니던가?

지금 내가 해야 할 일은 그런 설계가 아니라, 참된 영적인 하나님의 자녀요 예수님의 제자를 만드는 설계다. 그런데 이런 관심보다는 늘 먼저 눈에 띄는 외형적인 부흥에만 관심을 두고 있으니, 여기까지 생각이 미치다 보니 회개의 기도가 터져 나왔고, 성령의 충만한 은혜로 하나님께서 이 모든 것을 더 해 주시리라는 확신도 얻게 되었다. 이 아름다운 밤을 나의 영원한 은인이신 주님과 함께 하니 더 무엇이 더 필요하겠는가?

겨울나기 하는 낙엽

가을이 지나고 겨울을 맞이하게 되면서 조금씩 마음의 여유가 생긴다.

11월 정도가 되면 꼬리를 물며 따라붙던 많은 일들이 서서히 매듭을 지면서 자유롭게 만들어 주기 때문이다.

제법 일기가 쌀쌀해지고 아름답던 가로수의 단풍잎이 퇴색되면서 낙엽이 되어 뒹굴고 있다. 가지마다 이리저리 붙어서 제발! 나만은 떨어지지 말기를 바라며 안간힘을 쓰고 버티고 있는 노년의 잎들을 보며, '떨어질 때 적당히 떨어지는 것도 잘하는 것이다' 라고 아무리 속삭여도 '누가 뭐라 해도 나만은 붙어 있어야 해!' 하며 울상 짓는 저 모습 내가 아닐까?

이른 봄 눈이 녹기 전부터 은혜와 열정에 떠밀려 싹을 띄우며 강렬한 태양과 같은 성령의 충만함을 한몸에 받으며, 잎을 내고 뿌리를 확장시키며 가뭄과 홍수에 맞서서 충만한 삶을 위해 이바지를 하고, 많은 나그네에게 쉼터를 제공하는 등 온갖 병충해와 태풍을 이겨내며 주신 은사를 살려 최선을 다한 결과 열매도 내고, 보는 이들에게 기쁨을 줄 수 있게 되어 감사와 만족을 동시에 얻게 되었다.

그렇게 누구라도 그 영광의 자리를 더 많이 더 길게 누리고 싶어하는 것이 당연한 이치다.

그러나 주님의 섭리는 또 다른 계획이 있으시다. 다 되었다. 싶을 때, 서 있다 싶을 때 다시 아래를 보시기 원하시며 또 앉아 보기를 원하신다. 다시 내년도에 새순으로 거듭나 새 일을 담당할 수 있도록 하기 위함인 것이다. 떨어진 낙엽이 겪어야 하는 긴 긴 겨울은 춥고 어둡고 부서지고 썩어야 하는 비참함과 고통이 따르지만 잘 준비된 낙엽은 곧 새순으로 부름 받아 일을 시작하게 된다.

이런 진리를 알고 참고 견디며 인내할 수 있다면 그는 성숙 하다고 말할 수 있다. 곧 건조해져 부서질 수밖에 없는 낙엽 같은 여정을 만나고 계신가요? 겨울나기를 잘만 하면 곧 새로운 모습으로 회복하실 것입니다.

떨어지지 않으려고 혼자서 너무 버티지 마십시오!

그냥 주님께 맡기십시오.

암울한 시간 속에 주님이 역사 하도록.

"내 형제들아! 너희가 여러 가지 시험을 만나거든 온전히 기쁘게 여기라, 이는 너희 믿음의 시련이 인내를 만들어 내는 줄 너희가 앎이라, 인내를 온전히 이루라 이는 너희로 온전하고 구비하여 조금도 부족함이 없게 하려 함이라"야고보서1:2~4

조그만 소동

지난주일엔 교회에서 조그만 소동이 벌어졌다.

○○형제가 뇌성마비 특유의 음성으로 괴성을 지르기 시작하더니 곧 신음으로 바뀌기를 얼마 후 사무실 문을 노크하는 소리에 문을 여니 역시, 화장실 줄서기에 실패한 형제의 갈아입을 바지를 찾는 거였다.

날씨가 추워지면서 종종 벌어지는 현상이다.

시골 같으면 한 귀퉁이에 움막이라도 치고 생리적 현상을 해결할 곳을 만들 수 있건만, 금싸라기 같은 땅 반 평을 차지하기도 어려운 곳에 있으니…. 앞이나 옆 건물에 화장실이 있어 양해를 구하고 사용할 수도 있지만, 장애인들에게 많은 계단을 통과해야 하는 그곳은 이미 화장실이 아니다.

생리적인 현상을 기다려 줄 수 없는 이들은 또 화장실 사용시간이 길다. 비장애인을 빼고라도 장애인이나 어린아이들 모두 20여 명이 치열한 경쟁에 돌입하게 된다.

그 영향을 조금이라도 줄여보고자 '집에서 보고 와라! 커피를 마시지 마라!' 등등 대안 아닌 대안을 서로들 제시하지만, 조금 생각하는 것이 뒤진다고 해서 그분들에게 그런 요구를 한다는 것이 인격을 무시하는 처사라는 생각이 든다.

'행동이 너무 늦다', '이치에 맞지 않는 말을 한다' 등 언제부터인지 그런 요구나 그런 핀잔들이 자연스럽게 오가며 아주 익숙해지고 있다. 마치 거지 나사로를 대하듯 길에 누워 있던 술주정뱅이나 걸인을 대하듯 거리에서 교통사고를 보며 무심코 지나가듯 아무개 성도가 오늘 욕창 때문에 못 나왔다면 그런가 보다 하며 그저 그런 일에 익숙해져 아무런 통증 없이 통과하고 마는 것이다.

너무 자주 그런 일들을 보고 겪다 보니 이제는 익숙해졌기 때문이다. 고통의 소리를 듣고도 이해하려는 민감함이 없어지고 당연시되는 것이 무척 안타깝다. 이런 소동이 자주 생기지 않도록 근본적인 대책이 있어야 할 때가 된 것 같다.

미안하고,
사랑하고,
3부 고맙다!

나의 사는 날까지 오직 주님으로만 행복하게 하소서!
또 주변의 모든 이들도 같은 행복을 누리게 하소서!
그리고 순수함으로 주님의 뜻을 이루게 하소서!

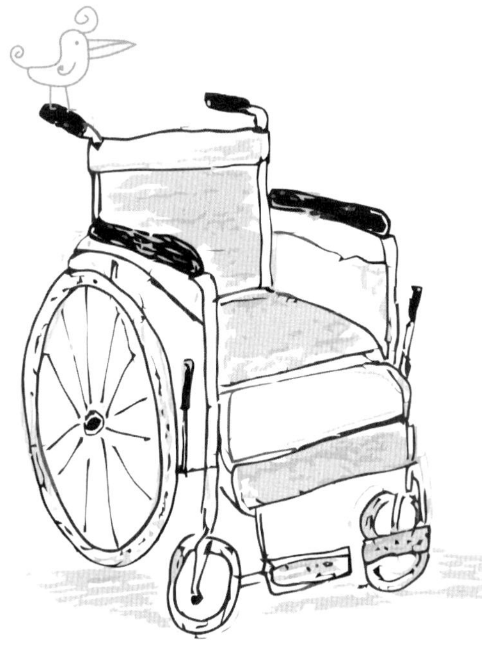

기독공보 신문을 보다가 스트레스 해소하는 방법을 스크랩해둔 것이 생각나 마침 실습할 기회가 생겨 펼쳐보니, 아래와 같이 적혀 있었습니다.

1. 충분한 수면
2. 규칙적인 운동
3. 호흡법
4. 마사지

수년 동안 앓던 신경성 위장병이 나아져 소화가 잘 된 지 오래되었는데, 언제부터인가 성도들 가정의 어려운 이야기를 듣거나 주일 교회 나오지 못한다는 말만 들어도 몸에 이상 반응이 나타나기 시작했습니다. 가슴이 아프거나 답답하거나 속이 쓰리기도 합니다.

신문에 실린 내용대로 호흡법을 시행하고 약간 진정이 되면 기도하거나 그럴 형편도 못되면 일을 하면서 찬양을 통해 마음을 모으며 치료를 하기도 합니다. 그러다 보면 어느 땐 주님이 위로의 사건을 통해 치료제를 만들어 주실 때가 대부분입니다.

어느 날은 지친 상태로 차를 타고 나가는데, 바자회 때마다 나오셔서 부침을 사 잡수시던 할아버지가 차를 타고 지나가는 모습을 보며 심신이 산뜻하게 재충전되는 기회가 있던 적이 있었습니다.

그분은 혼자 사시는 할아버지로 길게 수염을 기르신 분인데, 집은 있지만, 갈아입을 옷을 승용차 뒤 자석에 걸어두고 거의 차에서 지내시는 분입니다. 어디에서 어떻게 사시는지는 자세히 모르지만, 아직 예수를 믿지 않는다는 것과 매번 바자회 때마다 오신다는 것뿐입니다.

그런데 이번 가을 바자회에 못 뵈어서 무척 궁금했었는데, 겨울옷으로 차 안을 장식하며 차를 몰고 가시는 그 할아버지가 아직 살아 계시다는 것만으로도 기뻤습니다.

다음번에 뵈면 '꼭 예수 믿으시라' 고 말씀 드려야지 하는 동안 이미 나는 '아직 늦지 않았구나!' 하면서 이미 내 마음은 하늘을 날고 있었던 것입니다.

또 지난번 김장김치를 전달하면서 무거운 것을 혼자 들고 다니려니 무척 지친 날이었습니다. 마지막 남은 집은 장애인이 둘이나 되고 그 성도가 양쪽 무릎관절수술을 마친지가 얼마 안 되는 집이라 문 여는 시간도 많이 걸릴 것 같아서 미리 전화를 드리고 차를 세우니, 벌써 그 성도님이 휠체어를 의지한 채 다리를 끌며 주차장까지 오시고 계셨습니다.

갑자기 내 온몸이 전기에 감전된 것처럼 진동이 오는가 싶더니 눈물이 핑 돌았습니다. 김치를 올려다 드리려고 아무리 말씀을 드려도 막무가내로 사모님 너무 힘드시다며 휠체어에 올려만 주신다면 밀고 가시겠다며, 아름다운 뒷모습만을 남긴 채 힘겹게 끌고 가셨습니다. 어둠 속에 희미해져 가는 그 뒷모습을 보며 난 얼마나 행복했는지, 오직 주님만이 알고 계셨을 것입니다.

그분은 작년 바자회 사흘 동안, 매번 오실 때마다 1~2천 원하는 식구들 옷을 한 개씩 사 가시면서 늘 사모님은 무엇을 좋아하느냐고 물으셨습니다. 그때마다 행여 없는 돈 쓰실 가봐 없다고 하다가 3일째 되는 날은 너무 성의를 무시하는 것 같아 "저는 옥수수 뻥튀기를 제일 좋아합니다"라고 말씀드렸더니, 그분은 기쁜 얼굴로 돌아가신 뒤 얼마 있다가 검정봉지를 하나 주시면서 "사모님! 혼자 먹어, 다른 사람 것은 돈이 없어 못 사왔어" 하시면서 누가 볼세라 뒤도 안 돌아보고 가셨습니다.

그 후, 정말 난 차를 타고 다니면서 그 옥수수 뻥튀기를 혼자서 행복하게 즐기면서 먹었습니다. 사실 난 힘들고 몸이 아플 때도 아니 아이를 가졌을 때도 언제나 떠오르는 음식이 있다면, 동치미 국물과 김치였고, 뻥튀기였습니다.

그 음식들도 날 많이 행복하게 해주지만, 또 행복한 이유가 있다면 마흔 하고도 중반을 넘기도록 줄 곳 내 입맛이 순수하게 변하지 않도록 지켜주신 주님이 너무 고맙기 때문입니다.

나의 사는 날까지 오직 주님으로만 행복하게 하소서!
또 주변의 모든 이들도 같은 행복을 누리게 하소서!
그리고 순수함으로 주님의 뜻을 이루게 하소서!

고맙습니다

왠지 나는 "감사합니다"라는 말보다는 "고맙습니다"라는 말이 하기도 쉽고 듣기도 좋으며 들으면 들을수록 정겹게 느껴진다.

내 기억으론 어려서부터 20대 초반 주님을 만나 구속에 대한 진정한 고마움을 알기 전까지는 남에게 고맙다는 표현을 쓴다거나 고맙게 느껴 본적이 거의 없던 것 같다.

어느 날 내게 찾아온 주님께서 '흙 속에 묻힌 진주라며' 닦고 또 닦아서 빛을 발하며 값진 인생으로 살아갈 수 있도록 하신 그분에 대한 고마움이 새록새록 배어 나오기 시작하더니 곧 그 고마움은 내 작은 가슴으로 담기에는 부족했던지 이내 굳게 닫힌 가슴을 활짝 열리게 하였다.

처음엔 "감사합니다", "고맙습니다" 해 놓고도 멋쩍고 쑥스러워 나를 숨기고 싶도록 힘들었지만, 거듭할수록 하나님의 은혜뿐만 아니라 모든 주변의 상황들이 진심으로 고맙기 시작했다.

그러나 만나고 헤어질 때마다 용무가 끝날 때마다 어느 땐 진심으로 고맙기도 했지만, 더러는 오히려 한 방 먹이고 싶을 정도로 불편할 때도 있다. 그래도 그때마다 억지로 "수고하셨습니다. 정말 신경 써주셔서 고맙습니다"라고 마무리를 짓고 나면 출15:23~25에 나오는 마라 지역의 쓴 물이 단물로 변한 것처럼 해독제나 청량제 역할을 해 줄 때가 있다.

이웃과 함께할 수 있는 교회

작년부터 준비하며 계획하던 '장애인과 이웃통합 프로그램' 을 하려고 추진하넌 빔프로젝트 설치가 완공되어 오늘에서야 처음으로 프로그램을 갖게 되었습니다.

교회가 이웃주민과 더욱 친해지고 장애인과 비장애인이 예수 안에서 통합되기를 꿈꾸며 준비한 것입니다.

그러나 우리 성도들만으로도 성전이 비좁아 늘 손님을 초청해놓고 마음 졸입니다.

가끔 주일날 새로운 성도가 오게 되면 좀 편한 자리를 권해야 하는데, 가시방석 같은 자리를 드릴 수밖에 없으니 무척 마음이 아픕니다.

어떻게 하면 한 명이라도 편하게 앉아서 예배를 드릴 수 있을까? 하며 이리저리 자리를 배치해 보지만 쉽지 않습니다.

장애인보조기 사용하는 성도, 그리고 정신지체, 또 유아를 데리고 오는 성도, 출입이 불편한 성도, 신체상 온도 변화에 민감한 성도, 언제 화장실을 사용할지 모르는 성도 등 모르는 분들이 보면 그저 평범하게 대충 앉아서 있는 것 같지만, 모자이크처럼 저마다 정해진 자리가 있어야 합니다. 그러다 지난주에는 주 멤버격인 장애인 성도 한 분이 늦게 와 잘못 앉게 되니 차질이 생기기도 했습니다.

오늘 주일 오후예배는 전교인 공동체 예배로 드리고 그동안 수고해주신 선교회 이사님들의 가족을 초청해 모두 가족 영화를 보며 기쁨을 나누는 시간을 가졌습니다.

좁은 공간에 사람들로 가득 차 무척 더웠지만, 간식을 나누며 아름답게 꾸며진 강단과 영화를 볼 수 있는 공간이 있다는 것만으로도 성도들은 모두 감사하며 기뻐했습니다.

영화가 시작되면서 죽 둘러보니 교회 나오지 않으시는 분이신데, 꼭 불러주면 오시겠다던 몇 분이 안 보여 전화를 드렸더니, 한 분은 출타하셨고, 또 한 분은 현수막도 걸고 교회 현관 앞에 안내문도 여러 장 붙였는데 몰랐다고 말씀하셨고, 또 혼자 사시는 한 분은 제 목소리를 확인하시더니 갑자기 우시면서 "사모님 나 용서할래요? 꼭 용서해주세요!, 한닥 카믄 내 얘기 할기요"하시면서 우셨습니다.

갑자기 당황해 "아니 왜 그러세요. 뭔지 모르지만 말씀하세요. 감히 제가 용서할 것이 뭐가 있겠어요" 그 나이 드신 집사님께서는 "제가 하나님과 사모님에게 죄를 지었어요. 제가 처음 교회 생길 때부터 장애인교회라 싫어했어요. 사실 사모님! 장애인교회가 따로 없는 것이지요?"

무척 아파하시는 것 같아 금방 찾아뵙겠다는 말로 전화를 끊고 떡접시를 들고 달려갔습니다. 근래에 들어 무릎과 허리가 많이 아파서 꼼짝 못 하신다며 제 손을 꼬옥 잡으시더니,

"사모님! 잔치준비 해 놓으셨는데 못 가서 죄송해요. 그리고 저 용서할 기지요? 그리고 내가 무슨 염치로 천국을 가겠어요" 하시며 또 눈물을…. 천국 가시는 것은 하나님의 은혜이며 예수님의 공로로 갑니다! 라고 말씀드려도 막무가내이시면서, 또 세 가지 소원이 있으시다면서 기도를 부탁하셨습니다.

그 소원이 첫째는 "요즈음은 교회에서 젊은이들이 일을 안 한다 카는데 내가 건강해서 주방에서 설거지하고 싶고요, 두 번째는 교회 화장실 청소하는 것이고요, 세 번째는 하늘나라 갈 때까지 나 혼자 화장실 다니며 자식들에게 부끄러운 모습 보이지 않는 것이라예" 하셨습니다.

한 시간 반 동안 영화상영중 간간이 이 집 저 집 못 오신 분들에게 떡을 돌리며 이웃주민들에게 교회 문턱이 낮아져 언제고 교회로, 예수님 안으로 들어올 수 있기를 꿈꾸며 열심히 뛰었습니다.

가족 같은 우리 이웃

아이들이 먹는 배달 유산균 음료를 취소하고 매장에서 사다 먹이는 것이 경제적으로 덜 부담스러울 것 같아서 오래전부터 아주머니를 만

나려고 기다리는데 엘리베이터 앞에서 어떤 아주머니가 "사모님! 안녕하세요?" 하는데, 아니 그럼 아주머니가 또 바뀌었단 말인가? 주저주저하다가 "아니 절 어떻게 아세요?"했더니 우리 교회를 자세히 알고 계셨습니다.

역시 이번에도 배달 취소하겠다는 말씀을 못 드리고 "처음 시작하시는데 열심히 하세요. 아니 그거 말고…" 조금 더 값이 비싼 다른 것으로 넣어달라고 말해 버렸습니다. 아이들이 엄마는 취소한다고 하더니 더 좋은 걸로 신청했다며, 통 엄마 말을 못 믿겠다며 이번엔 왜 그랬냐고 묻습니다.

IMF 이후 여러 번이나 배달 취소를 하려고 했지만, 배달 아주머니를 만나자마자 그때도 사람이 바뀌어서 도저히 그럴 수 없었습니다.

처음 일을 시작해 가가호호 인사를 다니며 홍보를 하시는데, 왠지 모르게 초보자임을 애써서 감추시는 그 속에 뭔지 모르는 아픔과 비장한 각오가 엿보였습니다. 용기를 내 처음 시작하는 그분들에게 도저히 취소하겠다는 말씀을 드려서 좌절시킬 수가 없었고, 일이백 원 차이지만, 오히려 그때마다 추가로 배달을 원하며 "씩씩하게 다니시니, 저도 힘이 나네요" 하곤 다음번을 기약하기를 하며 오늘까지 온 것입니다. 그 후에도 여러 번 아주머니가 바뀌셨지만, 늘 같은 경우였습니다.

그분들 중에 IMF 중 남편 사업이 망해 처음으로 생활전선에 뛰어들었던 아주머니 한 분은 1년쯤 뒤에 그 일을 그만두면서 내게 조그마한 선물을 전해 주면서 용기를 줘서 고마웠고 다시 사업을 시작했다고 하신 분이 계셨습니다.

또 학습지를 배달하던 아주머니를 잊을 수가 없습니다. 우리 아이들이 어릴 동안 학습지를 줄곧 그분에게 시켰는데, 나도 경제적으로 어려웠기에 여러 번 중단했지만, 다시 학습지를 신청할 때는 꼭 그분을 수소문해서 찾았습니다. 무더운 여름날에도 추운 겨울날에도 때로는 어린아이를 데리고 겨우 몇 가정 학습지를 돌리기를 시작해 수줍은 모습으로 세일즈를 하던 그분에게 늘 힘을 실어 주고 싶었기 때문입니다.

그런데 어느 날 그 아주머니가 우리 아파트, 우리 교회에 편지를 전해주는 우체부가 되신 모습을 보게 되었습니다. 나는 그 순간 가슴이 뜨거워짐을 느끼며 눈물이 핑 돌았습니다. 가끔 만나면 반갑게 인사해주고 음료수라도 줄 기회가 생기기만을 기다리면서 그 아주머니가 안정된 자기 일을 갖게 되니 내가 그녀의 가족이라도 된 듯 나도 행복했습니다. 새벽마다 만나는 신문 배달 아주머니 또한 그들 모두 한 번도 개인적인 이야기를 나눈 적이 없지만 10여 년이 가깝게 지켜보게 됩니다. 그동안 전문업으로 성공한 아줌마들을 생각만 해도 행복해집니다. 세월이 흘러 젊어서 가볍게 새벽을 누비던 그 모습이 조금은 변해 둔탁한 중년의 모습이 되었지만, 역시 예쁘고 아름답고 건강미가 넘쳐 보입니다.

혹시 배달 사고가 생겨도 그 아주머니들을 생각해 재촉전화를 못 하고 '혹시?' 오히려 걱정이 됩니다. 그 이웃들에게 별다른 도움을 줄 수 없지만, 힘들게 하지 않는 것이 곧 도움을 주는 것이라는 생각이 듭니다.

정수기 필터를 교체해야 할 날짜가 벌써 오래 지났습니다. 1년치를 한 번에 계산하는 부담이 되어서 차일피일 미루고 있는데, 전화가 왔습니다. 작년에 오셨던 공항 근처 어느 교회 집사님입니다. "사모님! 이번엔 제가 그냥 필터를 교체해 드릴 테니 시간 되실 때 연락을 달라"고 하셨습니다. 그 전화를 받고 보니 더 부담스러웠습니다. 얼마 후 돈을 준비하고 오시도록 했습니다. 필터를 갈고 가실 때 돈을 드렸더니 굳이 사양하시면서 그냥 가셨는데, 몹시 마음이 불편합니다.

요즈음 들어 자영업 하시는 분들이 무척 힘들어하시는데, 더구나 주의 일로 봉사하시는 분들이 더욱 힘들어하시는 모습을 보며, 목회자 가정까지 부담을 주는 것 같아 난감해집니다.

이런 상황이 생길 때마다 흔히 남들이 말하는 것처럼 그냥 받고 기도해 주면 되지 하는 답변으론 해결이 잘 안 됩니다. 지금까지 자립이 안 되어서 후원을 받는 교회지만, 개인적으로 무엇을 남들에게 그냥 받는 데는 익숙지 못합니다.

특수 목회라 그런지 아직 누군가에게 주고 나서 돌아서면 금방 잃어버리는데, 받고 나면 그 앙금을 해소하는데 무척 오래갑니다.

성심껏 일하고 감당한 만큼 받아서 하나님 것도 드리고 이웃에게도 나누어 주고 생활비도 쓸 수 있다면….

이 땅에 사는 날 동안 다 갚을 수는 없겠지만, 하나님께 진 사랑의 빚을 조금이라도 더 갚고 싶습니다.

완전하신 하나님께는 난제란 없습니다

물질만능주의라고 할 정도로 풍부하게 먹는 나라가 있는가 하면, 지구 한쪽에서는 기아에 허덕이는 많은 사람이 아사 상태에 빠지기도 하고, 또 유토피아를 꿈꾸는 선진국일수록 지능적이고 끔찍한 범죄가 많다고 합니다.

21세기에 들어서면서 첨단과학을 걷고, 눈부신 경제발전을 이루고 있지만 갈수록 인간사회는 황폐해지며, 계속되는 전쟁과 재난, 기근, 범죄, 질병 등은 그칠 줄 모르고 안정된 사회로 가기보다는 인류 사회의 가정 기본이 되는 가정부터 위기를 맞고 있습니다.

그리고 지구가 온갖 공해 때문에 몸살을 앓고 있으며, 고실업의 지속이나 급속한 노령화 진전, 가족구조의 기능변화 등이 우리를 위협하는가 하면 한쪽에서는 이런 문제들을 조금이라도 줄이거나 서서히 오도록 하려고 온갖 노력을 하고 있습니다.

더욱이 전쟁과 급변하는 경제위기와 변화에서 오는 크고 작은 사회 문제들, 그 예로 무분별한 카드빚 때문에 연출되는 각종 범죄들, 또 더 무서운 것은 범죄자들이 불특정 다수를 대상으로 잔인한 범죄를 자행하는 사건들 때문에 그 파장이 더욱 심각해 가고 있다는 것입니다. 그리고 우울증과 정신적, 물질적 자립을 할 수 없어서 자살을 선택하는 건수가 계속 증가 되고 있습니다. 인류의 역사상 해결하지 못하고 있는 딜레마가 빈곤, 재난, 질병, 범죄라고들 합니다.

그뿐이 아니라 교회 안에서도 해결하지 못하는 난제들이 계속해서 쌓이는 것 같습니다. 갈수록 이해와 용서의 벽이 높아만 가고 사명자의 역할이 상실되어가고 있습니다. 늘 깨어 기도하며 겸손하지 않으면 거룩하신 하나님의 뜻을 분별하지 못하고, 사단의 위장술에 말려들고 맙니다. 그리고 더욱 비참한 것은 깨닫지 못하고 계속 진행될 때입니다. 완전하신 하나님께는 난제란 없습니다. 온전히 그분의 뜻에 맡기고 순종하며 겸손한 삶을 산다면 그분이 해결하시리라 믿습니다.

유통 기한

가끔 유통기한이 지난 음식을 판매하거나 또 기한이 지난 음식물이 부패되거나 거기서 생기는 독소 때문에 이질 장티푸스 같은 무서운 식중독으로 말미암아 사망까지 이르는 경우를 봅니다. 우리 집에서도 가끔 너무 아깝다는 생각에 유통기한이 지난 음식을 먹을 때가 있었는데, 그런 음식들은 먹으면서도 맛도 덜한 것 같고 왠지 좀 불안했습니다.

얼마 전, 아이들이 보는 만화 영화에서 주인공 아이가 자기 엄마에게 '엄마는 유통기한이 지나서 잘 모른다' 며 핀잔을 주는 내용이 있었습니다. 오래전 언뜻 스쳐 지나간 만화내용이었는데, 그 유통기한이란 단어가 계속 내게서 떠나지 않고 동일시되며 매사에 나를 교훈 하기도 하고 때로는 나를 밀어붙이거나 질책을 하고 있습니다.

바쁘게 외출을 서두르다가 안 챙긴 물건이 있어서 현관 앞에서 다시 안방으로 되돌아가는 사이에도 또 가져가야 할 물건을 잊어버리고는 '내가 무엇을 가지러 왔더라' 하면서 난처해하는 정도니, 내 건망증도 중증은 되는 것 같습니다.

아이들에게 모든 엄마가 내 나이가 되면 건망증이 심해지고 너희와는 몇십 년이라는 세월의 차이가 나기 때문에 보는 시각이나 의견이 당연히 다르다고 아무리 설명을 해도 코드를 맞출 수 없습니다.

그러나 요즘 아이들만이 다른 것은 아닙니다. 내가 그 나이 때도 도무지 어른들을 이해할 수 없었지요. 세월의 간격이 더 많이 벌어지고 엄마라는 타이틀이 붙고 겨우 인생의 절반을 넘겨 보내면서 이제서야 막 늙어 가시는 부모님과 코드를 조금씩 맞추어가기 시작했으니까요.

오늘날, 아이들이 우리들의 품질보증기간인 유통기한을 운운하면서 아무리 새 제품을 선호한다고 해도 너무 기죽거나 실망할 필요는 없다는 생각이 듭니다. 다만, 제품에 따라 그 기한이 다르듯이 우리도 사람에 따라 생명 연한이 다르고 또한 나의 사명 연한인 유통기한이 우리를 창조하신 주님 안에 있음을 분명히 압니다. 다만, 그 기간 동안 부패하거나 독소를 머금지 말고 신선하고 깨끗한 양심으로 준비되어 그분이 만드신 신선한 제품으로 그 사명과 목적을 달성하다가 유통기한이 마감되는 그날을 기다리며 사는 것입니다.

비 오는 날의 소동

매년 이맘때면 흔히 겪는 일이지만, 올해는 여름 내내 주말마다 비가 내려 장애인 성도들이 곤욕을 당하며 주일을 지킨다.

처음으로 우리 교회에서 여름을 겪는 성도님 생각엔, 이렇게 비가 많이 오니 아마 오늘 예배는 목사님과 건강하신 성도 몇 분만 오셨을 거라고 생각을 하며 예배당을 들어서는데, 장애인들이 한 분도 빠지지 않고 다 나오신 모습을 보는 순간 너무너무 부끄러웠다는 고백을 한 적이 있다.

이틀 동안 계속된 비가 주일 오전까지 분간하기 어려울 정도로 퍼 붓는다. 장애인들이 제일 외출하기 어려운 날이 바로 오늘 같은 날이다.

주일 차량봉사 하시는 분이 네 사람, 그런데 오늘 같은 날, 세분이 갑자기 사정이 생겨서 못 오시게 되었다. 그 한 분이 구로동으로 차 운행하고 나머지 구역은 휠체어를 타고 계시는 목사님도 도우미를 대동하고 차 운행을 시작했다. 그 외에도 여집사 몇 분이 계시지만, 모두 바쁘고 교회 나와도 갈 때까지 도우미를 하셔야 하니까 미리 호출할 수 없어서 교사 선생님 한 분이 도우미로 나섰다.

염려했던 대로 뇌성마비 형제를 태우다 둘이 빗길에 나동그라졌다.

쏟아지는 빗속에 우산 받치랴, 리프트 작동해 휠체어 탄 전신마비 장애인 태우랴, 모두가 흠뻑 비를 맞으며 예배실로 향한다. 차 바닥에서부터 예배실 입구 모두 빗물이 흥건하고, 여기저기 벗어놓은 신발과 수건들 그리고 널브러진 우산들이 실전이었음을 여실히 드러내 주고 있다.

사무실에 도착하니 11시가 다 되었다. 그 시각 나는 주방에서 학생부 예배인도 후 점심준비 하느라 아동부의 고사리 손까지 사용하며 분주하다. 강단에 나가시려다 목사님께서 며칠 전부터 후두염으로 고열에 시달리던 큰아이 안부를 살짝 물어보신다. 더 기력이 떨어져 학생예배 참석시키고 택시로 응급실에 데리고 가 링거 맞는 중이라고 귀띔을 해주었다.

또 예배를 시작하면서 염려했던 구로동 지역 차량이 도착하여 성도들이 들어오는 모습을 보며, 에벤에셀의 하나님을 찬양하며 평온한 마음으로 예배에 임할 수 있었다. 예배 후 재빨리 준비된 점심을 나누고 커피까지 마시면서 잔칫집의 성시를 이룬다.

그런가 하면 한편에서는 또 만남의 집단에서 흔히 나타나는 이런저런 일로 갈등하는 성도들 모습도 눈에 들어온다. 평소에는 목사님 서재이지만, 주일은 아이들 놀이방으로 변해버린 귀퉁이 한쪽에 자리 잡고 계신 목사님께서는 오늘 예배에 참여하지 못한 성도들을 점검하신다.

잠시 후, 오후 예배도 드리고, 또 오전과 같은 실전이 시작된다. 아니 더 격전이라는 표현이 옳다. 오전에는 각자 다른 시간에 오지만, 오후엔 같은 시간에 몇십 명이 일시에 나가며 소지품과 신발도 찾고, 화장실도 간다. 그중에 절반은 휠체어를 동원해야 하고, 어느 차를 타야 하는지 우왕좌왕, 봉사할 수 있는 성도 서너 명 가지고는 좀 치열하다.

그러다, 어느 집사님이 "사모님! 사모님! 내 우산 어디 있어요?"라고 말하며 달려온다. "잘 찾아보세요, 누군가 급해서 쓰고 다른 곳에 두었을 거예요."

그 집사님! 얼굴색까지 변하며 계속해서 "사모님! 내 우산 주세요."

옆에 계시던 집사님 우산을 뒤적이다 하나 집어들면서 "이거 맞아요?"

다행으로 짧은 시간에 주인에게 나타난 우산 덕분에 잠시 마비된 현관이 뚫리게 되었다. 그런데 저만큼 가시던 집사님! 사모님을 또 찾으며 "저 비 오는 날일랑 이제 교회 오지 말아야겠네요" 아무 반응이 없자 한 번 더 그 말씀을 하시고는 차에 오르신다.

오전에도 왜 이렇게 차가 늦게 오냐고 언짢아하시더니 아직도…. 그러나 분명한 것은 다음 주에 오늘처럼 비가 퍼 붓듯이 내려도 또 교회에 나오실 것이다. 모든 순서가 다 끝나고 모셔다 드리는 차에는 내가 도우미로 나섰다.

목사님께 '성도들이 점심 먹는 시간에 병원에 있는 아들에게 가서 데리러 갈 시간 없다며 주사가 끝나면 택시 타고 집으로 가라고 돈을 주고 왔다' 고 속삭이곤 그 짧은 시간에도 차에서 눈을 붙인다.

한 분씩 차에서 내려 드리고 마지막으로 문제의 형제도 넘어지지 않고 잘 내렸다. 그런데 서너 발짝 걸어서 그를 위해 대기하고 있던 의자에 자리를 잡기도 전에, 역시 또 힘이 부쳤던지 우리 두 사람이 의자와 함께 넘어졌다. 차에 올라 넘어지면서 다친 다리에서 흐르는 피를 닦으며 차창 밖을 바라보니 다 젖은 몸을 비척거리며 아슬아슬 지하실 난간을 잡고 집으로 들어가는 그 형제의 뒷모습에 대고 '어쩌면 이렇게 폭우가 쏟아지는 날 아무도 안 내다보실까?' 하는 야속함도 잠깐 아마 잠시라도 장애인 아들이 없는 틈을 이용해 자유를 누리려고 외출

하셨겠지!

저렇게 비척거리고 넘어지고 힘겹게 다녀가지만 다음 주일 그는 어김없이 또 나온다. 그리고 그의 가족은 평생 돌봐야 하는 아들을 잠시 맡기며 또 그 틈을 이용해 볼일을 보며 외출도 하고 잠시 쉼을 누리실 것이다. 오늘 같은 소동은, 그분들이 잠시 쉼을 얻는 것이 아니라 주님 안에서 영원한 안식을 누릴 수 있을 때까지 계속 될 것이다.

마음의 선물을 드립니다

해가 바뀌거나 무슨 명절이 되면 우리 부부는 그냥 넘어가도 될 듯한 고민을 한다. 흔한 말로 하나님이 갚아 주시겠지! 기도하면 되지! 전화로 편지로 하면 되지! 하나님 일 더 많이 하면 되지! 등등 그럴 수도 있다. 그러나 우리는 하나님 외에도 사람들에게 받은 은혜와 고마움을 어떻게 갚아야 할지 고민될 때가 잦다. 그래서 우리는 매번 명절 때마다 대형마트 안을 서성거리다 되돌아온다. 그분들의 겸손한 사랑을 그 어떤 선물세트나 물건으로도 표현할 수 없기 때문이다.

다만, 우리가 드릴 수 있는 선물이 있다면 하나님의 일꾼으로 성실하게 사는 것뿐이라는 넉넉한 마음의 여유와 소박한 비전을 카트에 가득 담은 채 마트를 나오곤 한다. 그 고마움이 너무 진하고 고마워하면서도 단 한 번도 그 내용에 대해 답례표시를 못 하면서 한 달 두 달 아니 1년, 10년을 넘기는 분들도 있다.

결혼식 때 유리그릇 한 세트를 선물로 받았는데 지금껏 그것을 사용하면서 싱크대 앞에서 그 가족을 그리워하기도 하고 때론 간접적으로

들은 그 가정의 희로애락을 위해 기도도 한다. 몇 년 전에는 그 가정에 충격적인 사고도 들어서 알고 있었지만, 전화 한 통도 할 수 없었고, 다만 그 그릇을 사용할 때마다 간절히 기도를 드릴뿐이었다. 그뿐인가 구두가 다 떨어져 새 구두를 신을 때까지 그 사랑을 잊지 못하도록 묶어둔 신발사건도 있다.

어느 예배 참석에서 반갑게 만난 자매가 자기 신발이 적다면서 내 신발 좀 신어 보겠다며 새 구두를 벗어주고 내 헌 구두를 신고 가버린 그 자매에게도 한 번도 고맙다는 전화 조차하지 못했다.

여러 해를 해마다 후원금을 보내주시면서 명절 때마다 고기 사 드시라며 꼭 몇만 원씩 더 얹어 보내시는 분, 5~10년이 넘도록 아무런 안부도 없이 선교 사역비를 보내주시는 분들, 생활비나 학비를 보내주시거나 후원금을 주시면서 한 번의 간섭이나 점검도 없으신 분들, 기도의 힘이 필요할 때마다 전후 사정 설명도 없이 필요한 기도요청만 드려도 흔쾌하게 기도의 동역자로 힘이 되어주시는 분들, 물심양면으로 필요한 요소를 발견해 그때마다 도와주시는 친구들, 영적인 목회자로 믿고 협력해서 공동체를 만들어 가는 우리 성도들, 또 사랑하는 형제들, 이것 외에도 우리는 꼭 필요하고 소중하게 간직한 사랑의 선물들을 일일이 열거하거나 다 기억할 수는 없지만, 그 고마움만은 잊을 수가 없다.

사택을 이전했습니다!

늘 받은 달란트 기억하게 하시며 힘을 주시고, 걱정할 때마다 용기를 주시고, 실수할 때마다 용서하시고, 주의 사랑으로 아름답게 보아 주셔서, 또 일하게 하시니 "감사합니다!"

새해 들어 가장 추운 날 사택을 이전하게 되었습니다. 1~2년 전부터 기도하며 찾았는데, 드디어 교회 바로 앞집, 비록 16평 정도를 사용할 수 있는 공간이지만 평일에는 사택, 주일은 교육관 또 화장실 문제가 해결되는 등 아주 요긴하게 사용될 것입니다. 단지 흠이라면 현관 입구가 높아서 장애인목사님이 혼자서 다닐 수 없다는 것이지요.

주일마다 자폐아 아동이 꼭 소변을 그 집 벽에다 볼 때마다 마음이 아팠는데, 성도들은 그렇게 찜을 해 두었기에 우리가 사용하게 되었다며 좋아들 하셨습니다.

교회를 이전할 때마다 그랬지만, 역시 사택을 이전하는 데도 선택이 어렵기는 마찬가지입니다. 더 좋고 넓은 집을 많이들 소개해 주셨지만, 우리가 사용할 수 없는 그림의 떡에 불과했었습니다.

언제나 우리를 선하게 인도하시며 에벤에셀의 하나님으로 역사하신 그분의 인도 하심에 그저 감사하며 순종하며 임마누엘의 은총을 덧입으며 여호와 닛시, 여호와 이레의 하나님 역사를 믿으며 때를 기다릴 뿐입니다. 갈수록 주님의 선한 뜻을 따라 살아가기가 힘들어집니다.

특히, 주변의 문화공간마다 사탄의 세력이 위장공세를 퍼 붙고 빛과 어둠의 차이를 흐리게 만들어 더더욱 분별하기가 어려워집니다.

빛이신 예수님을 확실하게 대동하지 않고는 더욱 힘들어집니다.

올해에도 우리 모두 주님의 뜻을 민감하게 살피며 일하기를 기도합니다.

교회적인 사명을 제대로 감당하기를 기도합니다.

에벤에셀의 비전을 위해

선교회 사역과 진로를 위해 많이 고민하고 기도합니다.

늘 저소득층이나 장애인 가족 또 소외계층을 접하다 보니 어린이집, 장애인공동체, 주간보호, 노인이나 장애인을 위한 쉼터, 노숙자 아니 저소득 자녀를 위한 공부방…. 꼭 우리 에벤에셀에서 어떤 사역이 그들에게 도움이 될까? 하고 이리저리 구상을 해 봅니다.

그동안 이런 사역을 위해서 기도하며 조심스럽게 준비를 하고 있습니다. 우리 주변에서 꼭 해야 하는 사역인 것 같습니다. 그러나 하나님께서 무엇을 원하는지가 제일 중요하다는 생각이 앞섭니다. 어디 나가서 누굴 만나도 밥 한번 제대로 못 사고, 식사 때마다 맛을 생각하며 먹기보다는 가격을 먼저 생각하며 아직도 빈궁을 면하지 못합니다.

봉사하는 집사님들을 위해 여유 있게 식사 한번 차려내지도 못합니다. 그러면서도, 궁상떠는 모습에 누군가 상처를 입거나 누가 될까 봐 염려도 됩니다. 한정된 여유를 좀 무리하게 사용하다 보면 우리 아이들이 희생되어야 하고, 그 아이들이 때로는 또 저희 엄마 아빠를 보고 이중인격자라고 하기도 합니다.

남에게는 돈이 많은 척, 풍부한 척, 시간 여유가 많은 척, 여유 있게 무척 친절하다가도 우리에게는 "늘 없다고 참으라고 빨리빨리 하라고 이해하라"고만 한다고 말합니다.

그러나 누릴 것 다 누리고 늘 물질에 목마르다고 넉넉하기만을 기다린다면 언제 주의 뜻을 헤아려보며 이룰 수 있겠습니까?

소외계층의 영혼을 살리고, 재활을 도우며 힘겨운 삶의 무게를 조금이라도 줄여 줄 수 있는 사역을 찾고 싶습니다. 저로서는 도저히 할 수 없지만, 주님이 원하시면 어떤 일이고 가능하며 할 수 있습니다.

올해에는 이 문제를 위해서 기도하고 있습니다.

기도 동역자와 협력해주실 일꾼을 만날 수 있기를 기도 부탁합니다.

새벽 무릎을 드리며…

주님! 저의 미련함을 아시지요?

제 앞에 큰 바위가 놓여 있다면

반드시 앞으로 가야 하는데도 주저앉아 버리는 것이 저라는 것을,

기어서 올라갈 수도 옆으로 돌아서 갈 수도 있지만

그럴 수 없는 것이 저라는 것을,

제가 오직 할 수 있었던 것은

주님! 저는 못합니다.

늘 이런 고백뿐이었습니다.

꼭 목표물이 보여야 출발할 수 있었고

손에 잡혀야 비로소 안심하고 시작할 수 있었던 저입니다.

세상에서 제일 미련하고 지혜가 없는 자가 저랍니다.

제가 앞을 향해 뛰고 있다면 분명 주님께서 장애물을 치워 주신 것입니다. 제가 하늘을 날고 있다면 분명 제 날개는 주님 것입니다.

제가 풍랑 이는 바다를 여유 있게 헤엄치고 있다면 분명, 그 물갈퀴도 주님 것입니다. 목표물이 보이고 만져진다면 저는 이미 주님의 역사 속에 들어와 있는 것입니다.

영혼의 파산

봉사하시는 많은 분이 하시는 말씀이 "이제 좀 안다 싶고, 사람답게 살고 주의 일을 하려고 하니 몸이 병들고 다 늙어 힘을 쓸 수가 없다"고들 하십니다.

전광석화電光石火처럼 지나가는 세월을 잡지 못해 아쉬워한다고 말들을 하십니다. 비록, 고장이 잦은 몸이고 검증이 제대로 안 되었고 신뢰도가 떨어지는 경험론들이 뿌리 깊게 자리 잡은 인생관으로 살아왔습니다.

그러나 인생의 절반 이상을 후회 없이 완전한 삶을 살지 못했을지라도 영혼의 파산을 맞지 않았으니 감사하며 추스르고 힘을 내야 합니다.

"우리가 살아도 주를 위해 살고 죽어도 주를 위하여 죽나니 그러므로 사나 죽으나 우리가 주의 것이로라"롬14:8

지식을 가르치는 곳은 무척 많지만, 삶의 가치와 방향과 지혜를 터득하는 것을 가르치는 곳은 적습니다. 우리는 다른 건 몰라도 영적인 눈이 뜨여 영원한 천국을 볼 수 있지 않습니까?

매일 아침 뉴스를 통해 전해지는 파산소식에 두려워집니다.

그래도 우리는 자신 있게 소개할 분이 계시지 않습니까?

'길이요 진리요 생명 되신 예수님'을 확실하게 더 빨리 더 많은 사람이 파경을 당하기 전에 소개하고 가르쳐 새로운 삶을 살도록 해야 합니다.

에벤에셀의 여름 행사

중증장애인 가족 캠프

분주했던 여름행사를 마치니 그 무덥던 여름이 가 버렸습니다.

언제 그렇게 더웠는지, 어느 듯 아침저녁으로 가을 날씨가 땀으로 절여졌던 피부를 어루만지며 수고했다고 속삭여 주는 듯합니다.

다시는 장애인 여름 수련회를 하지 말자! 말자! 다짐했지만, 올해에도 또 해냈습니다.

거의 2년에 한 번씩 여름 행사를 해올 때마다 크고 작은 사건과 애환들…. 올해에도 39명이 참석해서 강원도 설악에서 2박 3일을 보내다 왔습니다. 많은 사람이 경제난으로 말미암아 힘들어하고 있습니다.

우리 교회도 2년째 교육전도사님을 모실 형편도 못 되는 등 예외는 아닙니다. 물론, 후원해 주시던 분들도 자신이 어려우니 우리까지 생각할 겨를이 없나 봅니다. 그러한 가운데 적은 인원이지만 아동부, 학생부 여름행사를 통해 교육시기를 놓칠 수는 없고, 장애인 가족을 위한 여름 캠프도 몇 년에 한 번 가는 것인데…. 이런저런 성경학교와 수련회 계획을 세워놓고 예산 문제와 교사 그리고 봉사자 또 안전문제를 위해 기도를 시작했습니다.

봉사점수를 위해 찾아온 중고등학생에게는 중증장애인을 맡길 수가 없었고, 갈수록 중증장애인을 위해 몸으로 봉사하는 사람도 구하기가 어려워집니다. 보험회사에서도 장애인들이라 여행자 보험도 거절합니다. 정말 포기하고 싶은 마음이 들 정도였습니다.

그런데 우리의 연약함을 아시는 주님께서 어느 집사님을 통하여 경제적인 문제를 질반 징도 해결해 주셨고, 우리 성도 몇 명 안 되는 남녀 집사님들의 헌신적인 수고로 잘해냈습니다.

캠프 중 해수욕장으로, 산으로, 숙소로 이동할 때마다 가끔 크고 작은 사고가 생길 때마다 모든 성도가 하나님이 도와주시지 않으면 파수꾼의 경성함이 허사임과 자신의 부족함을 고백하며 아름다운 공동체를 만들어 갔습니다.

얼마 전, 천국으로 먼저 보낸 장애인 성도들, 또 장애인만 두고 먼저 떠나가는 가족들, 혼자서 더 이상은 살 수 없어 요양원으로 떠나보낸 성도, 그리고 변함없이 응급실을 오가는 성도들을 지켜보며 얼마나 많이 울었는지, 지난 몇 개월 동안 우리는 참 많이 지치고 힘들었습니다. 그래서인지, 2박 3일 캠프 동안이라도 활짝 웃는 서로를 보며 아주 많이 행복했었습니다.

이 가을엔, 변함없이 우리와 함께 해주시는 주님의 무한한 사랑과 은혜를 생각하며 더욱더 영성 회복을 위해 기도하거나 성경을 통독하며 권능을 받고 주님의 증인된 삶을 살 수 있도록 기도하렵니다.

부활의 기쁨을 그분에게도

사순절기간이 지나고 부활주일이 되었습니다. 고난주간 1주일 내내 새벽예배에 나와서 예배가 끝나면 휠체어에서 내려와 무릎을 꿇고 1시간씩 기도하던 양○○성도님이 토요일 새벽예배가 끝나자 "사모님! 내일 죽 좀 끓여 주세요." 어디라도 아픈 줄 알고 "왜? 죽을 먹느냐"며 다급히 물었더니, 사흘 동안 하는 금식이 내일 아침 끝난다는 것입니다.

목사님께서도 사순절기간 금식 말씀은 전혀 없었는데…. 우리 부부
는 눈물이 핑 돌며 '우리가 무척 힘들어하니까 이렇게 성도들이 기도
하게 하시는구나!' 하며 하나님 은혜에 감사하며 이런 성도들 덕분에
많은 위로와 힘을 얻게 됩니다.

그는 청년 나이에 연탄가스 중독으로 몸의 모든 기능이 마비되거나
아주 늦어져서 장애 1급으로 불효자처럼 살던 세월이 30년이 다 되어
갑니다. 한 문장을 말하려면 한참 뜸을 드려야 상대에게 전달되는 등
생각이 몸까지 전달되어 말을 하거나 행동을 하려면 무척 답답할 정
도입니다. 그런 성도들의 의사소통을 급하게 사는 일반인들에게까지
전달되기까지는 상당한 시간이 걸립니다.

그를 며칠 전에는 수협자동인출기 앞에서 만났는데, 통장에 돈이 있
는데, 안 나온다며 좀 봐달라기에 살펴보니 그의 한 달 수입은 장애수
당 9만원이 전부였습니다.

그런데 수협이 경사로가 심해 꼭 타인의 도움이 필요해 편의시설이
잘된 전철역에 설치된 타 은행 인출기를 이용했는데, 필요한 금액을
한 번에 찾는 것을 몰라 매번, 1만 원씩 찾다 보니 수수료가 그때마다
9백 원씩 나갔습니다. 그분의 계산으로는 1만 원 정도가 남았다 생각
을 했는데, 모두 수수료로 나가고 몇 푼 안 남게 된 것입니다.

또 그는 가끔 자기도 모르게 예배시간인데도 전동 휠체어를 작동해
소음을 내곤 하더니, 어느 날은 예배시간에 자기도 모르게 손이 그곳
으로 간다면서 그 센서에 검정테이프로 잔뜩 붙이고 왔습니다. 때로
는 전동휠체어를 수리한다고 분해해놓고 다시 조립을 못 해 온종일
씨름을 하다가 다른 사람의 손을 빌리기도 합니다.

재작년까지는 그의 직업이 폐휴지를 주어서 모았다가 오토바이에
싣고 가서 파는 것이었습니다.

그의 늦은 동작 때문에 사고가 종종 났고, 그러다 어느 날은 조금 큰 사고라 경찰서까지 가게 되었고, 무면허로 입건되었습니다. 봉사하시는 집사님의 도움으로 보증인을 세우고, 또 다시는 운전 안 하기로 각서를 쓰고 나서야 해결이 되었습니다.

그 후 소일거리가 없어서 걱정했는데, 하나님의 은혜로 그는 경건 생활에 전념하기를 시작했습니다. 평소 부모님을 위해서 기도해 달라는 것이 늘 그의 소원이더니, 드디어 부모님께서 교회에 등록하셨습니다. 우리 교회에는 아주 작은 예배실이 하나뿐입니다. 그래서 그는 예배 전후에 다른 사람들에게 피해가 될까봐 골목으로 나가 종종 구석에서 기도하곤 했습니다.

그러던 어느날 아버지를 교회 모시고 온 그날, 그는 눈물을 글썽이며 내게 아주 짧은 간증을 했었습니다.

몇 년 전에는 아버지에게 예수 믿으라고 했더니, 욕을 하시며 "○○ 같은 놈 너나 잘 믿어" 하셨고 작년에는 또 그 말을 했다가 뺨을 맞았으며, 몇 달 전에는 "그래 다음에 갈게" 하시더랍니다. 그리고 바로 지난주에 또 말씀을 드렸더니 "다음 주부터 꼭 나갈게" 하시더니 드디어 나오셨고 교회에 등록하게 되었다고 했습니다.

그 간증을 듣는 순간 나는 가끔 엉뚱한 행동이나 그의 장애로 말미암아 천덕꾸러기같이 부모님께 구박받던 모습이 떠올랐습니다. "○○ 성도님이 제일 큰 효도 했네요" 하며 하나님의 은혜를 나누며 칭찬을 해 주었습니다.

주일 비좁은 주방에서 40여 명분의 밥을 지으며 가끔 몸이 아픈 분이 있으면 죽을 끓이게 됩니다. 좋은 재료를 사용하지는 못하지만, 그 죽 한 그릇을 아무도 끓여 줄 사람이 없기에 오늘 그 복이 나에게까지 옵니다.

○○성도님 가족들은 모두 여기저기 흩어져 살고 있습니다.

그가 교통사고로 다치거나 그 어떤 문제가 생겨 연락하면 "차라리 빨리 죽기나 하지!"하며 사람 구실 못한다며 마음 아파하며 사시는 그의 가족들은 한탄의 삶으로 찌들며 살아서인지 여러 가지 질병으로 신음하며 살고 계신 분들입니다.

그는 세상에서 가장 귀한 효도를 한 장한 아들입니다.

요즈음, ○○성도가 우리 부부에게 부탁하는 내용은, 우리 아버지가 아직 회개 안 했다며 회개하라고 말씀드려도 안 듣는다며 우리에게 꼭 회개하라고 말 좀 해달랍니다. 중생의 체험을 한 그는 이제 부모님 께서도 속히 중생의 체험하기를 소망하며 지금도 또 열심히 기도하는 중일 겁니다.

같이 기도해주세요. 속히 성령의 인도 하심으로 그의 부모님이 회개하고 하나님의 자녀 된 삶을 살 수 있도록….

또 한 해가

한 해를 보내면서 여러 부류의 사람들도 만났고, 여러 종류의 글들도 읽어 본 것 같다.

그중에서 특히 전철역 혹은 병원이나 서점입구 등에서 무심코 집어 든 쪽지 글들에서 많은 감동과 긴 여운을 남게 한다. 잠깐 서서 혹은 걸어가면서 아니면 전철에서 읽었던 그 쪽지 글들은 나의 노화되어 가던 가슴을 다시 불태우며 뛰는 젊은이들을 많이 만나게 해 주었다. 지면을 통해 그들을 만나면서 도전을 받기도 하고 간접적인 경험을 하게 만든다. 불과 10페이지도 채 안 되는 작은 쪽지들, 페이지를 넘기다 보면 대개가 젊은이들이 비전을 가지고 열정으로 뛰는 모습들을 적어놓은 글들이 상당수다. 단숨에 읽어 내리면서 나도 덩달아 가슴이 뜨거워지며 그들의 열정에 동화되기도 하고, 어느 땐 기쁨과 슬픔으로 그들과 공감을 나누기도 한다.

그리고 가끔 방송국 공개홀 옆을 지나가다 보면 연예인들의 오빠부대들이 아우성치는 함성을 보면서 저 함성이 주님을 향한 선교의 열정으로 변화된다면…. 하는 희망에 부풀어 보기도 했었고, 이리저리 바쁘게 뛰는 무명의 전도자들의 뜨거운 열정이, 교회 문밖에서 머뭇거리는 이들의 가슴에 작은 불씨를 만들어 내는 것을 볼 때면 시들어가던 내 가슴에도 그 전도의 열정이 리필이 되어 게으르고 나태한 부끄러운 모습들이 승화되고 선교의 주자가 되어 죽어가는 영혼들에 산 소망의 기적이 온 누리에 퍼져나기를 가슴 깊이 소망하며 꿈틀대던 때도 있었다.

가끔 병원이나 인생살이의 심한 열병에 시달려 고통받는 이들을 상담하면서 기도 부탁을 받곤 하는데, 송구스럽게도 내게는 명쾌한 답을 줄 수가 없어서 다만, 찬송가 484장의 가사를 소개하고 말았던 때도 있었다.

마음속에 근심 있는 사람, 슬픈 마음 있을 때
눈물 나며 깊은 한숨 쉴 때, 은밀한 죄 네게 있더라도
괴로움과 두려움 있을 때, 내일 일을 염려하지 말고
주 예수 앞에 다 아뢰어라….

어느 땐 텔레비전 프로에 나오는 '칭찬 주인공' 들을 보면서 저들하

고 나하고는 거리가 멀구나 하면서 내 문제 하나도 해결하지 못하며 끙끙대는 나를 심하게 자책해야 할 때도 있었다. 그 주인공들 대부분은 평범한 사람들보다 장애가 있거나 약하고 부족한 부분이 있는 사람들이었다. 그럼에도, 남들과 더불어 같이 나누면서 살고 있었고 또한 그 주인공들의 희망사항이 있다면 아주 소박하다는 것이다. 내 것을 남들과 진정으로 공유한다는 것은 심히 어려운 일이며 하나님의 은혜가 아니면 감당하기 어려울 것이다. 아니 어쩌면 자신의 힘으로만 감당한다면 위선과 교만이 아닐까 하는 생각도 해본다.

예수 그리스도를 영접하고 새 생명을 얻고, 내적 치유를 받은 자들은 반드시 영적으로 건강하고 또 기쁜 마음으로 다른 사람을 사랑하며 전도해 결신 시킬 수 있다. 예수 안에서 성령 받고 남들을 사랑하며 내 것을 나누고 복음을 전하는 데는 자격 제한이 없고, 육신의 장애와도 아무런 상관이 없다.

한 해를 마무리하면서 지나온 날들을 죽 돌아보니 정말 중요하고 잊어서는 안 되는 것들이 참 많다. 이것저것 한 해 동안의 평가서 등을 정리하다 보면 실적이나 결과에 비중이 커진다. 겸허한 자세보다는 눈으로 측량되는 결과를 성취욕으로 만족해하며 위로로 삼으려는 찰라 하나님이 원하시는 것은 성공이 아니라 '충성스러운 일꾼' 으로 인정을 받는 것이라는 충고를 겸허하게 받아들이며 새해에는 더 큰 비전을 품어본다.

우리 가까이 있는 사람들!

주일이면 5번의 예배를 마치고 차 운행과 청소가 끝나면 제일 먼저 누워서 잠깐 쉰다. 그런 다음 아이들 교육관이었던 사택을 정리하며 나뒹굴거나 파손된 물건들을 고치거나 버리고, 저녁을 준비한다. 그런데 가끔 이 시간에 전화벨이 울릴 때가 있다. 이런 경우는 성도가 아닌 가정에서 도움을 구하는 경우이다. 호출하는 것이 급해서인지, 미안해서인지, 빨리 안 올까 해서인지 "무조건 빨리 오라! 아파 죽겠다. 먹을 것이 하나도 없다. 밥 먹여줄 사람이 없다." 우는소리와 함께 다급하게 울려 퍼지는 목소리를 듣고 분주하게 아이들까지 동원해 저녁상을 차리고는 지금이 아니면 언제 밥을 먹을지 몰라 수저를 바삐 놀려 보지만, 이미 위장에서 기능을 상실한 상태라 밥상을 뒤로하고 급히 달려가 본다.

오늘의 주인공은 수술을 한 지 얼마 안 되는 장애인 남편과 사시는 분으로 갱년기 우울증이 있고 폐쇄적인 생활로 말미암아 모든 기능이 약해진 분이다.

부부가 서로 다투다 죽겠다는 자살소동까지 있었다. 사건 설명을 듣는 동안 어느 정도 진정이 되어 몸을 잘 움직일 수 없는 그녀에게 밥을 챙겨주고 약도 먹게 했다. 이런저런 대화 끝에 자살을 생각한 것도 죄라며 회개해야 하겠다는 그녀의 고백으로 결론이 나게 되어 그날 일이 종료 되었다. 이와 비슷한 고통을 겪는 사람들은 한결같이 사모님 같은 가정은 우리 가정이 얼마나 힘든지 이해를 못 할 것이라 단정을 지으며 계속 힘들다는 사건들을 들려준다. 내가 생각할 때는 일도 아닌 것들이 그들에게는 아주 큰 일처럼 여겨지는가 보다.

어느 땐 우울증을 겪는 이들을 대할 때, 그들보다 현재 내가 더 힘들 때가 있다. 내성적이며 갱년기를 겪는 나와 사춘기의 두 아이, 끝이 없는 일들, 복잡한 목회활동과 경제문제 등, 그런데 나보다 훨씬 더 많이 잠을 자는 사람들이 불면증 때문에 못 잔다, 식사를 제때에 못 먹는다, 맛이 없다, 먹을 것이 없다, 몸이 여기저기 아프다, 남들이 자기 욕을 한다, 인정해 주지 않는다, 내 전화를 받지 않거나 끊어 버린다, 아이들이 자기 말을 안 듣는다, 또는 지나친 결벽증의 문제, 이외에도 상상을 초월한 오해를 하며 스스로 그 함정에서 헤어나질 못하며 힘든 삶을 살아가는 이들이 늘어가고 있다.

2년 전 남자 성도 한 분이 중도에 장애를 입고 내성적인 성격에 간단한 우울증으로 시작해 중증 조울증 상태로 몇 년을 버티다가 소천하셨다. 수돗물도 못 믿고 교회 점심밥은 물론 타인이 해다가 주는 반찬도 못 믿어 도시락을 들고 다녔다. 우리가 그에게 해준 말이라면 세상은 다 못 믿어도 오직 믿을 수 있는 분은 하나님이신 것을 믿고, 교회 나오도록 하는 게 전부였다.

가까이 이런 분들을 섬기며 아니 섬긴다는 말을 쓸 만한 자격도 없고 그저 알고 지낸다는 표현이 옳을 것 같다. 우린 늘 어떻게 하는 것이 주님께서 기뻐하실 것인지가 고민이다.

다만, 우리 가족이 감사한 것은, 이런 전문 분야를 늘 공부하도록 기회를 주시고, 서로 심층적인 고민을 털어놓을 아내가 있고, 남편이 있고, 기도해주는 분들과 성도들이 있고, 모든 답을 가지고 계신 하나님이 함께하신다는 사실이다.

흔 적

장마라 그런지 습기가 많고 끈적거리며 몹시 덥다. 이런 날은 긴 머리를 틀어서 집게 핀을 가지고 머리를 위로 틀어 올리면 아주 시원하다. 5년째 사용하던 이 집게 핀에는 이○○집사님의 흔적이 묻어 있다. 얼마 전에는 그 핀의 스프링이 부러져 A/S를 받았다. 그분을 기억할 수 있는 흔적이 거기 있기에 서랍 안에 잘 넣어 보관했다가 꺼내서 사용하곤 한다. IMF 때 잘 나가던 사업이 부도가 나 많은 부채를 떠안게 되었고, 많이 힘들어하다가 다니던 교회에도 못 나가고, 우리 교회에서 얼마 동안 봉사를 하시다가 어디론지 자취를 감추신 분이다.

우리 교회를 나오는 동안도 다시 재기해 보려고 많은 노력을 했다. 어느 날은 백화점에 액세서리 코너를 오픈 했다며 아주 크고 예쁘게 생긴 집게 핀을 주신 적이 있었다. 그런데 그 액세서리 매장은 물론이고, 또다시 시작하는 일마다 모두 잘 안 되었다. 그러던 어느 날 부채 압박과 카드빚 때문에 더는 견디기 어려워 고민하다 갑자기 우리 시야에서 사라지셨다. 사라지기 얼마 전부터 노숙자를 이해할 수 있다고 말하는 등 가족들에게조차 가장으로, 아버지로, 남편으로, 인정받지 못하는 상실감으로 무척 힘들어하더니…. 우리는 그가 그래도 가족을 사랑하기에 가족을 지키고 싶어서 혼자 떠나야 했던 것이 아닌가 하는 생각을 할 수밖에 없었다.

얼마가 지나고 어쩌다 오가는 소문을 통해 안부를 듣지만, 노숙자로 익숙해져 가는 것 같다. 우리는 몇 년째 그분의 흔적을 보거나 기억날 때마다 주님께 기도한다. 속히 하나님께서 사랑하셨던 흔적과 사랑하는 가족들의 흔적과 중보기도 하며 보고 싶어 하는 믿음의 형제들의 흔적을 기억하고 속히 돌아오기만을 간절히 기다리고 있다.

절망의 닻에 꼼짝없이 붙들린 상황에 처한 분들이 하는 말이 "하나님께 이렇게 간절히 울부짖는데, 왜? 주님은 나에게 아무 말씀도 안 하시고 그냥 계시느냐고요." 또는 이렇게 고통 가운데 사는 것보다 죽는 것이 나을 것 같다며, 아파트를 내려다보거나 생명을 좌지우지하려고 그 어떤 방법이나 물건들을 찾는 분들을 만나게 된다. 대개가 이런 분들은 그 어떤 넘기 어려운 문제가 생기면, 환경이 고립되고 의지력이 떨어지고 우울증으로부터 헤어나지 못하는 경우가 많다. 이런 분들은 심방이 아니라 긴급할 때 호출하기 때문에 내 형편을 고려할 틈이 없다. 그래서 어느 땐 차라리 성도들이나 이웃의 아픔을 안 보고 안 듣게 되어 몰랐으면 한다. 모르고 있다면 죄의식도 없으리란 생각을 했기 때문이다.

가슴앓이

전에 수년 동안 중환자들을 위한 병상의 환우들을 선교할 때도 무척이나 힘들었다. 장기 입원하는 환우들은 대개가 회복 불가능한 악성 질병에다 산더미처럼 쌓이는 병원비에 또 의료사고로 억울하게 당해 넘어지는 약자들이다. 다 죽어가면서도 예수를 영접하지 못하는 이들을 만나게 된다. 그들에게 우리는 무엇을 하고 다니는 것인가? 그저 바라만 봐야 하는 상황에서 오는 안타까움이 우리를 얼마나 짓눌렀는지, 여러 가지로 감당하기 어려워 그 일을 그만두고 교회목회만 하고 싶었다. 그러나 그럴 수만은 없었다. 계속해서 예수를 믿지 않거나 교회 다니다 쉬는 분들이 찾아오기도 히고 호출을 하기도 한다. 그중에 어떤 가족이 있었는데, 너무도 감당하기 어려워서 몇 년 전에는 상담을 거절한 적이 있었다. 다시는 우리에게 오지 말며, 전화도 하지 말라고 잘랐다. 7~8년 동안을 진전도 없고, 같은 내용이 수년 동안 반복되는 상황에 좋은 결과보다는 원망 같은 것을 듣게 되다 보니, 지치게 되었던 것이다. 처음에는 보지 않으니 날아갈 것처럼 가볍고 좋았다. 그런데 역기능 가정에서 사는 그분들의 고질적인 상황과 환경 그리고 때로는 죽을 만큼의 괴로움을 겪는 사람들을 내가 살고자 해서 거절한 데 대한 죄책감과 또 우리가 목회자로 자격이 있는가? 라는 의문과 함께 괴롭기 시작했다. 어느 땐 차라리 "하나님 저희가 일을 쉬면 안 될까요?"라며 답을 구하기도 했다. 그러나 1년이 지나고 2년이 되도록 주님은 거기에 대하여 말씀이 없으셨다. 오히려, 그 기간 또 우울증 단계를 넘어선 분을 연결하게 해 주시면서 또 다른 훈련을 겪게 하셨다. 그러한 가운데 주님은 계속해서 침묵하시고, 가슴앓이는 더욱 심해져만 갔다.

그러다 어느 날부터인가 기약 없는 응답을 기다리며 기도하던 가운데 주님께서 이런 기도를 하게 하셨다. "그리 아니 하실지라도 제 사명이 다하는 날까지 해 보겠습니다." 이런 고백을 하면서 지친 내 영혼에 새로운 힘이 필요하다는 것을 느끼게 되었고, 다시 편입을 해 신학공부를 하게 되었으며, 그동안 성자 콤플렉스에 빠져 내가 다 할 수 있다고, 꼭 해야만 한다고 하는 완벽한 교만들과 상처들이 'peace-maker' 과목을 공부하면서 곧바로 회복되었고, 지금은 열심히 뜨거운 사명감으로 재충전을 받고 있다.

어떤 유혹이 닥쳐와 흔들리거나 힘이 들 때마다 주님께서 나를 용서하시고 긍휼과 자비를 베풀어주시고, 또 주님께서 나를 사랑하셨던 흔적을 기억하며 마음을 굳건히 하고, 다시 한 번 주님께서 역사하시고 도와주시기를 바라며, 주님의 뜻에 순종하고자 겸손하게 인내할 수 있는 자세가 되어야 한다. 주님은 말이 없으신 것이 아니라 침묵하시며 기다리고 계신다.

큰(?) 목사님

장애인 선교를 하면서 10여 년 동안 소천하신 분이 1년에 한 분 정도는 된다. 장례가 나면 장애인 목회자라 서로 불편할 것 같아 가족 중 다른 교회 다니시는 분이 계시면 그쪽 교회에서 해주시기를 원했지만, 대부분 담임 목회자이니까 해주셔야 한다고 해서 우리 교회에서 담당할 때가 많다. 우리 교회는 비장애인으로 장례식에 참여해 봉사해 주실 분은 10여명 정도이다. 감사한 것은 매번 목사님이 장례 예배 인도할 때마다 그 10여명이 3일 동안 꼭 참석해 준다. 이번같이 무더운 날씨에도 모두 기쁜 마음으로 장애인 성도 아버님 장례를 무사히 치렀다.

이렇게 지체 1급 장애 목회자로 매번 기쁜 마음으로 장례를 진행할 수 있기까지는 첫 번째 장례를 잘 치렀기 때문이다. 그러니까 교회개척 2년차에 당뇨로 고생하시던 연로하신 집사님이 소천하셨을 때부터이다. 당시 그 집사님 큰아들이 구로구에 있는 아주 큰 교회를 다니고 있었으며, 그 소천하신 분도 이사 오시기 전에 그 교회를 다니신 적이 있었기에 우리는 그곳 당회장 목사님께 부탁을 드렸다. 우리는 아직 장례 경험이 없고 장애인 목회자라 어떻게 해야 할지 난감했었는데, 선뜻 그 교회에서 해 주신다기에 무척 감사했다. 우리는 이번 기회에 잘 배워둬야 한다며 열심히 참석했다. 3일째 장례식 날 그 교회 성가대와 대형버스 그리고 전도사님과 부목사님들도 오셔서 아파트 주차장이 가득할 정도였다. 그런데 시간이 다 되었는데 집례하실 목사님께서 안 보이셨다. 잠시 후 그 교회 부목사님께서 오시더니, "당회장 목사님께서 조금 전 급한 일이 있으셔서 가셨는데, 목사님께서 집례를 하셔야 한다"며 목사님이 주고 가셨다며 설교 작성 안과 장갑을 건네주며 "사회는 제가 보니 목사님께서는 설교와 축도만 해 주시면 됩니다" 하는데 달리 다른 생각을 할 틈이 없이 장지까지 가서 모든 장례를 끝마치게 되었다.

당시 그 목사님께서 급한 일이 있으셔서 가신 것이 아니고, 그 소천하신 분이 2년 동안 우리 교회를 다니는 동안 우리로 통해 여러 가지로 보살핌을 받았고, 임종을 지킨 담임 목회자에게 기회를 주시고자 하시는 큰 뜻으로 여겨진다. 그 교회에서 모든 것을 다 지원해 주셨다. 경험이 없는 우리를 위해 부목사님께 사회를 맡아서 진행하며 잘 모시도록 부탁을 하신 것이나, 그날 설교까지 교안 작성해서 주시는 등 우리는 그 큰 목사님의 세심함에 감탄할 정도였다. 그날 우리 교회는 아주 작은 교회 장애인 목회자가 초라한 장례를 집례 하는 것이 아니라 많은 분이 부럽게 바라보는 아주 훌륭한 성가대와 함께 장례예배를 많은 이웃과 성도들과 조문객을 모시고 장애인 목회자가 처음으로 집례를 하게 되었던 것이다.

그 이후로 소천하시는 장애인 성도들 가정이 주저 없이 교회에서 해 주기를 원하게 되었다. 그래서 오늘같이 장례를 집행하거나 주례를 하게 되는 등 장애인 목회자가 어려운 일들을 할 때면 그 큰 목사님께 감사드린다.

여름성경학교

몇 년째 교회학교 여름성경학교를 교사가 없어서 외부로 보냈었는데, 올해에는 장애아동 공동체인 '사랑의 동산'에서 거기 원아들이 휴가를 떠난 동안 우리에게 그 집 전체를 빌려주셨다. 식사와 간식도 만들어 주셨고 그곳 장애아 중 좀 장애가 경한 아이들도 4명이 같이 참석해 30여 명이 교사 3명과 함께 알찬 행사를 할 수 있었다. 각 숙소에서 분반공부도 하고 마당에서 자전거와 공도 차고, 또 가까운 행주산성으로 등반도 했고, 마지막 날에는 마당에서 진한 감동의 시간으로 캠프파이어도 할 수 있었다.

행복해요~

유난히 더위를 체감해야 하는 이번 여름, 샤워하러 들어갈 때마다 샤워 꼭지에서 쫙 쏟아지는 물줄기보다 더 진하고 시원한 체험을 한다. 그건 매번 여름마다 느끼는 감동인데, 결혼하기 전, 여름 교회 행사가 끝나면, 휴가 기간에 교사도 없는 미자립 교회를 전전한다. 여름 행사를 할 때마다 매시간 땀으로 온몸을 적시고 나도 적당히 샤워할 곳이 없어 끈적거리는 몸으로 며칠을 버티다가 습진으로 고생하기도 했다. 그뿐만 아니라 어떤 곳에서는 자야 하는데, 방바닥조차도 울퉁불퉁 제대로 고르지 못해 끈적거리는 몸을 뒤척이던 기억이 몇 십 년이 지난 지금도 생생하다. 매년 여름 샤워를 할 때마다 그때를 기억나게 하시고, 또 지금은 언제나 마음만 먹으면 샤워꼭지를 틀 수 있게 하시고, 언제든지 편히 누울 수 있는 편안한 잠자리를 주시니 어찌 감사치 않겠는가. 이 작은 행복을 크고 긴 감사로 이어 주시는 분을 생각하면 너무너무 행복해서 그분을 꼬~옥 안아 주고 싶다.

가지나물

집에 들어온 즉시 냉장고 문을 열고 3일 전 사다 놓은 가지를 꺼냈다. 아직 상하지 않았다. 지난주에도 가지 1,000원어치를 사다 넣고 상해서 버렸다. 얼마나 먹고 싶었던 가지나물인가? 우리 부부 모두 좋아하는 가지요리다. 그런데 어쩌다 보니 매번 메뉴 선택하는 데 실패를 하게 된다. 바쁘다는 핑계를 대면 남들이 흉보겠지? 오늘은 빨리 맛있게 볶아서 먹어야지 하면서 침을 삼키며 부지런히 서둘렀다. 전화벨이 울려 받아 보니 이웃 개척교회 목사님께서 잠깐 다녀가신다는 전화다. 그런데 2시간이 다 되어도 말씀이 끝나지 않는다. 다 된 가지나물을 뒤적이며 저녁 시간인데⋯. 오늘 저녁 반찬이 밑반찬에다 가지나물이 전부인데, 어떻게 목사님을⋯. 그것도 뭔가 힘들어하시는 문제가 있어서 찾아오신 모양인데, 다 식어가는 프라이팬을 몇 번이고 뒤적이며 교회사무실을 바라보다가. 결정했다! 두 분은 교회 옆 식당에 모셔 드리고 나 혼자 가지나물을 행복하게 먹으리라!

전인적으로 주님을 닮아가는
모사模寫를 할 수 있도록 기도드립니다

요즈음 연예인들은 대부분이 전문직 외에도 개인기를 한 가지 이상 가져야 한다고 한다. 텔레비전을 시청하다 보면 그 개인기 중에서 가장 많은 것이 성대모사와 모창이다. 다른 연예인들의 목소리나 노래 또는 춤을 정확하게 따라서 할수록 시청자들의 반응이 뜨거워진다.

그런데 나는 이 모사를 생각하면서 연말 내내 마음이 무거웠다. 아니 새해를 맞이하기가 두렵기도 했다.

처음 주님께 소명 받을 때는, 그 은혜에 감지덕지해서 내게 주신 전문직만 고수하겠다며 다른 것들을 희생해가면서까지 고집스럽게 지켜온 것 같은데, 어느 순간, 뒤를 돌아보니 융통성이나 운영의 묘미나 요령을 운운하면서 나도 모르는 순간순간 개인기에 젖어 가고 있었던 것이다. 요즈음 연예인들이 시청자들의 반응만 좋다면 다방면으로 사력을 다해서 뛰고 있듯이 나도 무엇이든지 다 잘하고 또 잘 보여야 한다는 생각 때문인지 개인기를 개발하려고 분주하게 살았던 것 같다.

그런데 아무리 성대모사와 외형은 잘 따라서 해도 그 내면의 성품을 원조와 같게 할 수는 없는 것이다. 주님 닮아가려고 그분이 찾았던 비천한 곳, 소외된 곳, 육적으로 내면적으로 상처 난 사람들 곁에 함께하고자 노력하지만, 사랑의 섬김과 희생의 수고가 없이는 모사에 지나지 않고 오히려 연예인들처럼 인기몰이를 위한 것이 아니었을까? 하는 생각이 든다. 그뿐만 아니라 지나온 일 년 동안 성도들에게 보여주었던 각종 모습이 주님 닮은 척했던 모사는 아니었는가? 또 외형뿐인 모사를 위해 얼마나 많이 노력하고 투자를 했던가? 어느 땐 남의 것을 내 것 인양 선심을 쓰며 생색을 내지는 않았는가? 그리고 주님의 인격이나 희생적인 사랑은 속 빼고 몸이나 입만 가지고 주님의 행적을 모사하려고 갖은 애를 쓰던 모습이 너무도 견디기 어려울 정도로 부끄러울 때가 있었음에 한 해를 마무리하는 12월 한 달 내내 고민하며 주님께 고백하는 마음으로 힘들었다.

"…나더러 주여 주여 하는 자마다 다 천국에 들어갈 것이 아니요 다만 하늘에 계신 내 아버지의 뜻대로 행하는 자라야 들어가리라, 그날에 많은 사람이 나더러 이르되 주여 주여 우리가 주의 이름으로 선지자 노릇 하며 주의 이름으로 귀신을 쫓아내며 주의 이름으로 많은 권능을 행하지 아니 하였나이까 하리니, 그 때에 내가 그들에게 밝히 말하되 내가 너희를 도무지 알지 못하니 불법을 행하는 자들아 내게서 떠나가라 하리라…"마7:15~27

주님께서는 자신이 해야 할 사명과 일상적인 충실을 잃지 않으셨고, 자신의 사랑과 피와 땀을 다 쏟으시며 모사가 아닌 성품 그 자체로 실천하신 분이신데, 나는 가끔 일의 중요성과 목적을 망각하거나 일의 우선순위나 지혜가 부족해 주님께서 내게 주신 사역을 제대로 감당하지 못한 적이 너무 많은 것 같았다.

겉모양새는 주님 닮은 듯 사랑처럼 보이나 속은 이기주의로 가득 차 위선과 독선으로 표출될 때도 있었음을 고백해야만 했다. 어느 땐, 내 주장을 주님의 뜻인 것처럼 고집하며 내세우는 일도 있었고, 어느 땐, 나의 만족과 위안을 삼으려고 남을 위하는 척 봉사하며 겉치레적인 일로 외형을 꾸며가며 동분서주할 때도 있었다. 이런 추악한 나의 실체를 돌아보며, 12월 내내 모든 분에게 감사 편지 전화 한 통 내지 못하고 내면적으로 많은 방황을 하며 회개할 기회를 찾다가 새해를 맞이할 즈음에야 비로소 다시 주님으로부터 마음에 위안을 받았다.

새해에 주님께 드리는 기도

"주님께서 모든 여건을 마련해 주시고, 매 순간 간섭하셔서 인도하시고 계시며, 또 많은 분이 저희와 에벤에셀교회와 장애인 사역을 같이 동역 하며, 수고하고 기도하고 격려해 주시기에 이 정도의 일을 감당할 수 있다고 봅니다. 그저 우리는 중간 역할 정도일 뿐인데. 그것도 만족스럽게 해내지 못하는 것 같아 죄송할 뿐입니다.

그래도 새롭게 새해를 맞이하게 되어 감사드리며, 주님이 주신 한 해를 더욱 겸손하게 주님의 충실한 일꾼이 되도록 노력하겠습니다!"

Show - Show!

텔레비전의 쇼 프로 외에도 뉴스나 다큐멘터리 등 많은 프로그램을 보면서 어느 땐 저것도 가짜가 아닌가 하는 생각을 종종 하게 된다.

모든 방송 프로그램들이 어떻게 하면 시청률을 많이 얻게 할 수 있을까? 하고 온갖 쇼를 다 한다. 그래서 가짜 인물을 등장시켜 실재내용처럼 촬영하고 편집을 해서 내보내기도 한다고 한다. 가령 생활고나 건강이 많이 안 좋은 사람들은 더 형편이 어려운 쪽으로 보이게 편집을 해서 시청자들에게 실재인 것처럼 보이려 한다. 실재보다 더 어렵고 비참하게 만들어야 시청자들이 더 많은 감동과 공감대가 형성되어 시청률이 높아지게 되는데 이렇게 되면, 제작자는 제대로 Show를 성공하게 되는 것이다. 그리고 순진한 많은 사람들은 그 프로를 보면서 울고 웃고 격려도 칭찬도 욕도 하며 나름대로 즐기고 있다.

그 대열에 종종 나도 시청률을 높여주며 마음껏 웃고 울며 스트레스도 풀고 그런 여가를 통해 많은 쉼을 얻고 있다.

그런데 제작자들이 사실 있는 그대로의 내용에 심혈을 기울여 아무리 재미있고 진지한 Show를 내보내도 무덤덤하게 바라보거나 아니 아예 보려고 하지도 않는 사람들이 많으니까 하나의 Show를 내보내려고 또 다른 Show를 하는 것이 아닐까? 그저 보이는 그대로 "잘했다! 재미있는데, 힘들었겠는데, 무척 노력했는데"라고 평해주었으면 제작자들은 얼마나 행복했을까? 라는 생각을 해본다.

그런데 나도 요즈음 들어서 Show맨 이라는 느낌이 들 때가 많아진다. 교회 안에서 성도들에게 이웃들에게 나를 아는 모든 사람에게 Show를 할 때가 있는 것 같다. 그런데 문제는 그 Show를 잘하지 못해서 자책하거나 자괴감에 빠져 괴로울 때가 많다는 것이다. 어느 땐 지나친 내 예민한 성격 탓이려니 해보지만, 그 Show를 위해 많은 노력을 하는 것은 사실이다. 그런데 그 노력에도 불구하고 반응이 기대치에 미치지 못할 때가 많다는 것을 깨닫게 된다. 그럴 때마다 몹시 흥분하거나 분노 혹은 후회와 비참함으로 질풍노도의 시기를 겪게 되는데, 그 원인을 되짚어가며 풍랑을 잠재우는 데는 많은 시간과 체력이 소진된 후라야 된다.

왜? 나의 Show가 어디에서 어떻게 잘못되었나? 점검을 해 보면 답은 딱 한 가지이다. 그건 나의 Show를 위한 가장 중요한 관객을 의식하지 못했기 때문이다. 그 중요한 관객이란 하나님이신데, 처음부터 프로그램이 그 하나님을 위해 Show를 준비했다면 그처럼 많은 관객을 위해 필요 없는 준비를 하며 고생할 필요도 또 그처럼 결과에 대한 실망도 없었을 것이다.

처음부터 주님만을 위한 프로그램을 진실하고 성실하게만 준비한다면 혹 다른 관객이 뭐라고 평을 한들 주인 되신 그분께서 잘했다! 재미있다! 수고했다! 라고 고개를 끄덕여 주기만 한다면 나는 또 새로운 Show를 준비할 수 있을 것이다.

밥은 많이 먹고 살은 찌지 않는 방법?

본 교회 모든 주일 예배가 끝나면, 매주일 30명 이상의 지적장애아동이 대부분인 시설인 '사랑의 동산'에서 예배인도를 한다. 그런데 아이들 눈높이 맞는 예배보다는 주일인데 아이들 때문에 교회 나갈 수 없는 선생님들과 봉사자들 대상에 맞추어 예배를 드리게 되는데, 10여 년이 지나다 보니 장애 아이들도 모두 예배순서를 외운 것 같다. 축도가 끝나면 자기들이 볼 때 힘들게 하는 아이들 이름을 부르면서 목사님께 기도 받기를 원하며 줄을 세운다. 아무것도 모르는 것처럼 온 방을 뛰어다니고 괴성을 지르던 아이들도 기도 받는 시간에는 얌전히 목사님 앞으로 나온다. 선생님이 기도 제목을 말해주고 아이들은 목사님 앞에서 기도를 받는다. 이번에는 18살 되는 ○○이 차례라 선생님이 "○○는 밥을 적게 먹게 해 주시고 살이 좀 빠지도록 기도해 주세요"라고 기도 제목을 말씀해 주신다. 그러자 그 애는 "기도를 안 받겠다"고 한다. 갑자기 마음이 변한 이유를 알아보니 "살이 빠지게 해 달라고 기도 받으려 했는데, 밥도 적게 먹게 해 달라"고 기도를 받으라니까 밥을 적게 먹게 될까 봐 기도를 받을 수 없다는 것이다. 나는 온종일 여러 번 예배에 힘들고 피곤해서 빨리 기도를 끝냈으면 하는 마음으로 밥은 많이 먹고 실은 빠지게 해 달라고 기도를 받으라고 했다. 그런데 선생님은 살이 빠지려면 밥도 적게 먹어야 한다고 했고, 그 아이는 살이 빠지는 것은 좋지만, 밥은 적게 먹을 수 없어서 그날 끝내 기도를 받지 않았다.

이 사건은 1년 전에 있었던 일이지만, 두고두고 마음에 남아 목회하는데 많은 경종을 울리고 있다. 쉽고 편하게 인간적인 방법으로 목회하려 할 때마다 그 선생님과 ○○의 순수하고 때 묻지 않은 마음을 떠올리며 그 아이보다 못한 목회자가 되지 않으려고 노력한다. 하나님 말씀대로 살지 못하면서도 축복은 많이 받고 싶어 하는 우리가 부끄럽다. 사회가 갈수록 빈익빈 부익부로 가난한 사람은 갈수록 힘들어지고 부자만 좋아진다. 저소득층이 살고 있는 임대 아파트 사람들을 기피하고. 교회도 역시 성도들이 가난한 교회를 다니려고 하지 않는다. 큰 교회 이름 있는 교회를 선호한다. 혹 교회도 명품교회를 찾느라 그런 것은 아닌지? 갈수록 교회나 예수 믿는 사람들에 대한 안티가 늘어난다.

장애인 목회자로 장애인 선교를 시작한 지 15년이 넘었고 교회를 개척 한 지도 10년이 훌쩍 넘었다. 등록 성도가 늘기보다는 장애인과 노인 성도가 주축을 이루니 소천 하는 성도도 늘고 경제적인 도움을 받고자 큰 교회로 가는 성도들이 생기고, 새로 오는 성도는 장애인교회라고 등록을 꺼린다. 여기저기 높이 올라가는 이웃 교회건물들을 바라보다가 조립식으로 지어져 낡아가는 우리 교회당을 바라보면, 왜 그리 초라하고 낡아 보이는지, 또 월세나 공과금은 왜 그리 빨리 돌아오는지, 그런 가운데 아이들은 어느 듯 내년이면 대학생이 된다.

가끔은 이런저런 이유로 지치고 실망이 되어 좀 더 쉬운 길로 돌아가면 안 될까? 주님께 칭찬도 받고, 사람들에게 존경도 받고, 큰 교회로 부흥도 시키면서 고난이 적고 여유와 풍요도 같이 누리면 안 될까? 그런데 꼭 이런 생각을 할 때마다 왜? ○○와 그 선생님의 얼굴이 오버랩이 될까?

주는 나의 피난처

시 61:1~8

요즈음 우리 주변 사람들이 하는 인사가 주로 "얼마나 힘드세요?" 이런 인사가 아닐까 합니다. 이런 인사를 하는 이유는 경제가 그만큼 어렵기 때문일 것입니다. 물론 경제뿐이겠습니까? 자녀교육, 복잡한 인간관계, 갖가지 질병, 주변에서 언제 일어날지 모르는 각종 사고와 범죄. 그렇습니다. 세상 그 어느 것 하나도 만만한 것이 없습니다. 거기다 하나님의 일을 하는 사람들은, '잘해야' 하는 '죽도록 충성' 해야 하는 부담도 만만치 않습니다.

그래서 사람들은 얼마나 힘들면, 몸에 좋다는 음식과 각종 건강식품들 그리고 여러 가지 운동을 하며 건강을 유지하려고 많은 노력을 합니다. 그런데 육신은 건강해지지만, 마음은 더 곤고해지고 우울증 같은 정신건강에 문제가 생기는 사람들이 많아지고 있습니다. 그중에 '자살' 이라는 극단적인 선택을 하는 사람들로 청소년들을 비롯한 노인들뿐만 아니라 가장들까지 합세해서 계속 통계를 늘리고 있습니다.

안타깝게도 예수를 믿는 사람들도 이런 사고의 주인공이 되는 경우를 종종 봅니다. 하나님의 사람도, 주의 일을 열심히 잘하던 사람도 지치고 곤하여 쓰러질 수 있습니다. 하나님의 사람이 하나님의 일을 하더라도 그 일이 너무 막중하기에 더욱 많은 신경과 정성을 써야 하기 때문에, 또는 생각지도 않았던 복병을 만나게 되면 많은 에너지를 소모하게 되고, 지쳐 쓰러질 수밖에 없습니다. 육신의 성정을 입은 사람은 누구나 어려운 일도 겪게 되고, 곤고하고 외롭고, 때로는 괴로워하며 울부짖어야 하는 고통으로 쓰러질 때가 있습니다.

이런 우리 인간을 잘 대변해주는 찬송가 372장에 보면 "그 누가 나의 괴롬 알며, 그 누가 나의 슬픔 알까, 주밖에 누가 알아주랴! 나 자주 넘어집니다. 나 슬픈 일 당합니다. 저 마귀 유혹합니다. 나 자주 실패합니다. 나 심히 괴롭습니다…"라는 가사가 있습니다.

연약한 우리 인간은 육체적인 일로도 병이 오지만, 신경을 쓰는 만큼 지치게 되어 있습니다. 그래서 우리는 선한 일을 하다가도, 주의 일을 하다가도 혹은 그 어떤 문제 때문에 지쳐 쓰러질 지경에 이를 수 있습니다. 아니 그보다 더 영혼이 곤고해서 미쳐버리고 싶을 때, 세상이 다 나를 다 등져 버린 것 같을 때, 내 편은 하나도 없고, 다 적들만 가득해 보일 때가 있습니다. 모두가 나의 진심을 곡해하는 것 같고, 나만 따돌리는 것 같을 때가 있습니다. 모든 일이 내가 원치 않는 방향대로 흘러갈 때도 있습니다. 내 힘으로 아무것도 할 수 없을 때가 있습니다.

바로 제가 한계에 도달해 주저앉아야 할 때 이런 상황이었습니다. 그뿐만 아니라, 오늘까지 장애인가족으로 살면서도, 또 여러 번 당하고 겪어야 했습니다. 아니 앞으로도 또 겪을 수도 있습니다. 여러분도, 이미 많이 겪으셨거나 아니면 지금 겪고 계신 분들도 있으실 겁니다.

성경에도 하나님의 일임에도 불구하고 하나님의 사람을 지치게 만든 실례가 나옵니다. 그는 바로 엘리야 선지자입니다. 그가 누구입니까? 그는 기도로써 하늘에서 불을 내리게 하고, 비도 내리게도 했고, 이방인의 선지자들과 바알 선지자, 아세라 선지자 850명과 싸워서 이졌던 위대한 선지자입니다. 그런데 그 강하고 위대한 엘리야도 바알과 아세라 선지자들을 쳐부수고는 지치고 곤하여 로뎀 나무 아래 쓰러졌습니다. 거기서 엘리야는 그 곤고함을 견디지 못하고 차라리 죽기를 간구하기까지 하였습니다.왕상19:4

우리도 때로는 마음이 연약해지고, 쉽게 지치고, 포기할 수밖에 없는 막다른 골목에 설 때가 있습니다. 때로는 우리들의 수고에 한계를 느낄 때도 있습니다.

엘리야뿐만 아니라 다윗도 반평생을 살해의 위협을 느끼며, 도망 다니는 인생으로 살았습니다. 시편 61편은 다윗이 고난과 어려움 중에 처한 자신의 피난처로 "주의 장막과 주의 날개 아래" 숨었다는 내용입니다.

저는 결혼해서 아이들을 키워가며 10년 정도를 학교 다니면서, 새벽 예배부터 교회 사역하고, 병원 선교, 또 재가 장애인선교를 하면서 피곤하고 지칠 때가 너무 많았습니다. 그것보다 더 힘든 것은 남모르게 장애인가족, 장애인교회라는 것 때문에 겪어야 하는 편견도 만만치 않았습니다. 그뿐만 아니라, 돈 때문에 겪는 어려움은 또 어떻습니까?

또한, 늘 남편과 같이 움직여야 하고, 남편 대신 심방도 가야 하지요. 거기다 아이들과 살림까지 하다 보니 몸살을 앓을 시간도 없었습니다.

그래서 금요일이나 토요일 날 몸이 아프면 이렇게 기도합니다. 제가 월요일부터 두 배로 아플 테니 제발 주일은 아프지 말게 해 달라고요, 그러서인지 주님께서 도우셔서 정말 우리 부부가 교육 전도사 시무할 때도, 교회를 개척해서 지금까지 주일날 최선을 다할 수 있었습니다.

아파도 배가 고파도 힘들고 외롭고 괴로워도 그 누구에게 그대로 말할 수가 없는 것이 바로 우리 연약한 인간들입니다. 아마도 그런 상태로 아무에게 말도 못하고 힘들었다면 극단적인 생가을 할 수도 있었을 것입니다. 그런데 다행인 것은, 무엇이든지 듣고 계신 든든한 주님이 계시기에 살 수 있었습니다. 찬송가 382장 "너 근심 걱정 말아라 주 너를 지키리 주 날개 밑에 거하라 주 너를 지키리" 이 약속 있는 찬송가를 부르며 많은 위로를 받았습니다.

일찍이 심각한 위기와 곤고함을 경험했던 다윗은 오늘 본문을 통해 알려 주고 있습니다. 자신의 전 삶을 기울여, 하나님의 나라를 세우는 데 힘썼던 다윗은, 자신의 영적 회복을 위해 언제나 "주의 장막에 머물며 주의 날개 밑"을 찾았습니다. 마치 온종일 앞뒤 마당을 헤매고 다니던 병아리가 저녁이면, 어미 닭의 날개 안에서 포근히 쉼을 누리는 것처럼 하나님의 날개 아래, 하나님의 품에서 쉼을 누리겠다는 고백입니다.

여호와의 장막은 다윗시대나 지금이나 변함없는 우리의 피난처입니다. 그런데 오늘 성도들은, 교회를 비평하거나 쉽게 교회를 떠납니다. 여호와의 피난처가 힘이 없거니 피난처 역할을 못하는 것이 아닙니다. 단지 그 여호와의 피난처를 드나드는 사람이 변질한 것뿐입니다. 멀고 먼 사명의 길을 쓰러지지 않고 완주해야 하는 여러분! 힘들고 어려울수록 "여호와의 장막 여호와의 날개" 아래로 피해야 합니다. 그리할 때 사랑의 주님께서는 우리를 품어 쉬게 하시고 위로하시며 새 힘을 부어 주실 것입니다. 주의 피난처에서 성령의 충만함을 덧입고, 재충전 받아 새 힘을 얻고 세상에 나가 승리하는 삶을 살아야 합니다!

너는 가만히 있을지니라!

이번 몇 달 동안 나는 기다리던 대로 공개적인 휴가를 받아서 병원에서 며칠 있다가 집에서 쉬게 되었다. 내 주변에서 조용히 역사 하시는 주님의 섭리를 가만히 보기만 했다. 하나님이 창세 전부터 함께 하심을, 하나님이 돕고 계심을, 하나님이 사랑하심을, 하나님이 직접 해결하심을, 나와 내 가족에게 성도들에게 이웃에게 드러내 보여 주셨다.

장애인 선교 일을 시작한 지 20년이 되었고, 그동안 크고 작일 일들로 기억되지 않는 일도 수없이 많았다. 거의 하루도 쉬지 않고 계속된 하루하루였다. 분명히 이 모든 날들을 주님이 함께하셨고, 많은 분들이 같이 힘을 나누었다.

그런데 나에게 갱년기가 시작되면서 인생의 겨울이 찾아왔다. 마음과 몸이 쇠진할 때로 약해져 하는 모든 일에 의욕과 기쁨을 잃게 되었고, 몸에 기력이 다 빠졌다. 걸어 다니고 늘 하던 일을 하긴 하지만 기계처럼 움직이고 있다는 느낌이다. 몸만 그런 것이 아니라 하는 일들이 형식적이고 의무적이고 직업적으로 변한 것과 20여 년이 지나도록 외적으로 성장하지 못할 뿐 아니라 장애인 성도들도 장성한 분량에 이르지 못하고 늘 어린아이와 같은 모습들에 대한 부담이 너무 크게 다가온다.

전에 중환자들을 위한 병원 선교를 10여 년 하다가 그만둔 것은, 너무 힘들고 지친 사람들만 접하다 보니 나까지 탈진되었기 때문에 그만두게 되었다. 그런데 최근 몇 년 동안 그런 비슷한 환경을 겪으면서 나도 병이 들었다. 주변에 모든 사람이 질병으로 장애로 생활고로 힘든 환경을 가진 사람들, 특히 오랫동안 교회를 다니면서도 영적으로 성장하지 못하는 성도들을 보면서 나도 몸과 마음이 지치고 찌들어가고 있었다.

더욱 힘들었던 것은, 쉬고 싶다! 힘들다! 라고 아무에게도 말할 수 없는 것이고, 언제나 나는 넉넉하고 여유롭고 건강한 파워 우먼이어야 하고, 기쁘고 의욕이 넘치는 사람으로 남들에게 부담을 주어서는 안 되며 변함없이 내게 주어진 일들을 감당해야 하는 것이었다.

언제나 제대로 잘 챙겨 먹지 않아도 잠을 제대로 자주지 못해도 언제나처럼 잘 견디어주는 몸인 줄 알았다. 그리고 조화가 아닌 늘 예쁘고 향기나는 생화를 피워 보고 싶었다. 그런데 언제부터인지 나는 향기가 없는 생화만을 생산해 내는 것이다.

이런 상황들이 변할 줄 모르고 오랫동안 지속할까 봐 두려웠다. 분명히 나는 지쳤다. 찬송가를 찾아 부를 땐 언제나 괴롭고 힘든 세상에서 헤어나 저 천국을 동경하는 고백이 담긴 찬양을 부르게 되었고, 교회 안에서 가르치고 설교하는 것을 사명으로 천직으로 은사로 생각했었는데, 교인들을 마주 대하는 것도 설교하는 것도 두렵고 피하고 싶다.

변하지 않는 사람들을 섬기는 일들에 지쳐가고 있다. 이런 아무 의미도 의욕도 없는 이 일들은 내가 아니라도 누군가 할 수 있는 일이라는 생각이 든다. 나는 그저 아무 생각 없이 단순한 교회 청소나 하고 주방에서 밥이나 하면 안 될까요? 라는 생각이 들며 그저 아이들의 엄마와 사모로만 살았으면 하는 바람? 아니면 이대로 목회를 은퇴하고 그냥 쉬면서 조용히 살고 싶다고 주님께 조심스럽게 속삭여 보기도 했다.

사명에 대한 의욕과 일에 대한 기쁨을 잊었고, 많이 슬퍼진다. 그보다 더 답답하고 힘든 것은, 이 기간이 왜 무엇 때문에 필요한 것인지를 모르는 것이었다. 이 암흑과 같은 기간은 몸이 아픈 것보다 돈이 없는 것보다도 나를 더 불안하게 만들었다. 주님께서 무엇을 하기 원하시는지, 이 문제에 대한 주님의 음성을 들을 수가 없기 때문이다. 이런 내게 가슴을 움직일 만한 주님의 음성을 들은 지 오래다. 분명히 내게 혹독하고 추운 기나긴 겨울이 다가온 것이 사실이다.

그런데 지난가을 하나님께서는 나를 병원으로 인도하셔서 "너는 가만히 있을 찌어다"라고 하시며 보이지 않는 문제들까지 해결해 주셨다. 정말 가만히 있기만 했는데 주님께서 다 알아서 진행하셨고, 그 은혜를 체험하며 나는 주님의 고통을 조금이라도 체험하게 해달라고 기도하기까지 인도하셨다.

이번에 하나님의 은혜를 덧입으면서 제일 먼저 회개한 것은 '사명이 끝나면 당연히 알아서 주님이 데려갈 것인데, 감히 내가 먼저 가면 안 될까?' 라는 요청한 것에 대한 것이다. '내가 지치고 힘들다고 나만 편하면 된다' 라는 아주 이기적인 생각을 한 것이다. 그리고 깨달은 것은, 나는 하나님이 아주 많이 사랑하는 존귀한 하나님의 자녀요 일꾼이라는 것과 먼저 나부터 사랑하고 소중히 여겨야 하고, 내 육신도 잘 관리해야 한다는 것과 늘 같은 일이지만 이것이 내게 맡긴 사명이며 매일 새로운 기쁨으로 감당해야 한다는 것이다.

세상에 단 한 분, 언제나 변함없이 이런 내가 의지할 수 있는 주님이 계시기에 나는 복 받은 자요, 그분의 은혜를 덧입은 자요, 천하에 부러울 것이 없는 선택 받은 자라는 것을 또다시 각인시켜 주셨다. 그리고 남은 사명 기간을 쉬지 말고 기도하며, 항상 기뻐하며, 범사에 감사하며, 슬퍼하지 말고, 내게 맡긴 사람들을 잘 섬기며, 다시 나의 입술을 통해 주의 복음을 전하고 가르치며 증인 된 삶을 살아가도록 하셨다.

에벤에셀 성가대

적은 수의 교회학교 아이들 포기할 수도 다른 교회 보낼 수도 없다.

우리 큰아이가 초등학교 들어가면서 왜 우리 교회가 있는데, 다른 교회를 가야 하느냐고 말하면서부터 열댓 명의 아이들을 위해 교회학교를 시작해 왔다.

이 아이들을 어떻게 해서 이 시대에 예수 안에서 승리하며 살 수 있을까? 하는 것이 큰 과제였다. 다른 교회로 가라면 적응하기 힘든 아이들이다. 고심하다가 중·고·대학생 모두 10명인데 작년부터 전원 성가대로 결성했다. 힘겹게 잘 넘어가 주는 아이들이 늘 안쓰럽다. 별다른 교육실 없이 딸아이 방에 포개 앉아서 땀을 흘리며 연습하는 아이들에게 무엇인가 위로가 필요했다.

이런 중에 사랑의 복지재단 '이웃사랑 서포터즈' 지원 사업으로 아이들에게 처음으로 동계 프로그램을 할 수 있게 되었다.

큰 교회에서 우리 같은 작은 교회를 돕게 되니 아이들에게 이번 기회를 통해 하나님은 한 분이시며, 교회는 하나임을 알게 되고, 하나님의 사랑에 푹 빠져보며 하나님의 사랑을 체험하게 된다.

미안하고, 사랑하고, 고맙다!

지금까지 온갖 스트레스와 지독한 공해 그리고 계속되는 업무와 잔업은 물론 느닷없이 터지는 야간 업무까지 별 탈 없이 진행해준 머리야! 너의 수고를 어찌 전달해야 할지 모르겠다.

늦은 학구열 때문에 무조건 공부하면서 너에게 밀어 넣기만 하다가 과 부화가 걸리기도 수없이 많았었지,

40대 중반부터 쉬고 싶다고 삐그덕 거리며 고장신호를 알리는데도 무던히 견디며 너의 임무를 잊지 않고 수고 하고 있는 너 무릎관절아! 고맙다! 더 이상은 안 된다고 길에서 멈춰서며 나의 무분별한 과속에 옐로 카드를 내밀며 네가 모진 경고를 하지 않았다면, 아마 지금쯤은 긴 방학에 들어갔을 지도 몰라 진짜 미안하다.

또 이미 20대 초반부터 신경성 소화불량은 늘 달고 다녔고 불편한 자리에서 식사를 하면 급체를 해서 사경을 헤매게 한 적이 수를 셀 수 없을 정도였지, 그 뿐인가 피곤하거나 조그만 스트레스를 받기만 해도 네가 속을 더부룩하게 하며 시위를 해왔던 것을 잘 알고 있다. 그럼에도 오늘까지 아무런 상처 없이 무던히 잘 참아주고 견디어준 위장아! 내가 너의 수고를 잘 안다. 너 정말 장하다 너에게 부담되지 않도록 내가 많이 노력할게! 사랑해!

또한 구석구석을 누비며 한 순간도 쉬지 않고 일하고 있는 내 몸속의 피야! 미안해.

피가 모자란다고 철분제를 먹어줘야 한다는데 위장이 너무 힘들어 해서 먹을 수가 없었어. 그렇다고 결코 편애한건 절대 아니다. 두 아이를 임신해서 출산하기까지 늘 병원에서 수혈을 고려했지만 한 번도 수혈하지 않고 잘 넘어가도록 한 건 순전히 네가 힘써준 덕분이다. 뿐만 아니라 이번 암 수술 할 때도 네가 지혈을 얼마나 잘 해주었는지 의사 선생님도 깜짝놀랄 정도였잖니? 정말이지 너의 활약은 대단하고 놀라웠어!

그리고 유난히도 손이 못생겨 남들 앞에서 너를 숨기고 싶은 적이

많았던 거 너도 알지?

어려서부터 온갖 궂은 일을 잘 해서 그런가? 아니면 내가 손 관리를 잘 안 해서 그런가?

그래도 암튼 네 덕분에 언제 어디서고 팔 걷어 부치면 어떤 일이고 두려움 없이 척척 해결 할 수 있어서 얼마나 다행인지 몰라, 사랑하는 나의 두 손아! 진짜진짜 고생 많았어. 고맙다!

배수구

싱크대 배수구가 막혔다.

처음 있는 일이라 당황이 되고 어떻게 뚫어야 할지 난감했다.

남들처럼 하수구 뚫는 무슨 약을 부어야 하나?

아니면 설비 집 아저씨를 불러서 고쳐야 하나?

우선 철사로 된 옷걸이를 길게 만들어 넣어보니 감자껍질 등 각종 음식물 찌꺼기들이 조금씩 보였다. 꺼낼 수 있는 데로 꺼내고 흔들어도 보고 두드려도 보았지만, 물이 조금씩만 흘러내려 가고 확 뚫리지 않는다.

처음에는 무슨 병뚜껑 같은 것이 걸려서 막힌 줄 알았는데, 싱크대를 설치한 지 오래되어 호수 안쪽으로 이물질이 많이 끼어서 통로가 적어졌을 거라며 이번 기회에 대청소도 하고 연결호수를 교체하자고 하는 남편의 의견을 따르기로 했다. 쌓인 설거지 거리며 주방 바닥에 흘러내린 물이며 거기다 날씨까지 더워 땀이 줄줄 흐른다. 경제적인 부담을 줄이려고 우리가 교체하다 보니 좀 짜증이 나기도 한다.

유난히도 춥던 지난겨울에는 교회 하수구가 얼어서 주일 대란을 겪었다. 수돗물은 잘 나와서 음식 준비는 하지만 물을 버릴 수 없으니 대략 난감이었다. 수돗물이 안 나올 때보다 버릴 수 없다는 것이 더 힘든 것 같다. 조금이라도 버리면 더러운 오물이 섞인 물들이 곧 싱크대 위로 올라온다. 그래서 폐수는 그릇마다 받아 두었다가 화장실이나 도롯가의 하수구까지 들고 가야 했다.

시댁인 섬에서는 물이 귀해서 좀 떨어진 곳에 있는 우물을 이용했다. 물을 길어오느라 많이 불편하긴 했어도 폐수를 버릴 때는 별문제가 없었다. 그런데 먹는 물을 멀리 떨어진 우물에서 길어 가지고 올 때의 기분과 하수를 버리려고 가져갈 때의 기분은 전혀 달랐다. 우물을 두레박으로 퍼서 가지고 오는 길은 멀고 계단도 많다.

하수구가 막혀 하수를 버리는 곳은 조금만 가서 버려도 되는 곳이었다. 깨끗한 물을 가지고 갈 때는 힘은 들었지만 물을 사용하려는 기대감과 희망이 있어서 그런지 마음이 가볍고 뿌듯했다. 그런데 하수 물을 버리러 갈 때는 귀찮고 하지 않아도 되는 일을 하는 것 같고 빨리 해결이 되어서 이 일을 그만두었으면 하는 생각뿐이었다.

새 호수를 사다가 연결하니 시원하게 물이 잘 빠져나간다. 덕분에 싱크대 주변 대청소도 하고 나니 상쾌하다. 아마 당분간은 밥알 한 개도 안 흘려보내도록 조심조심 사용할 것 같다. 약간의 돈과 시간이 들었고 고통과 수고로움이 있었지만 기쁘고 행복하다.

막혔던 오물이 다 처리되고 확 뚫려서 물이 콸콸 흘러가는 소리를 듣노라니 문득 이 느낌은 아! 그래! 바로 그때의 느낌과 비슷했다. 늘 마음에 무거운 짐으로 인해 편치 못하다가, 어느 날 성령의 도우심으로 회개의 문이 열리면서 더럽고 추악한 모든 허물을 모조리 주님 앞에 고백하고 나니 온 세상이 깨끗하고 아름답게 느껴진 적이 있었다.

예수의 이름으로 용서함을 받고 의롭다 인정함을 받아 새 사람으로 살기 시작했을 때 모든 죄악이 청산되어 하늘을 나는 것 같았다.

그때는 배수구를 고쳐 조심조심 찌꺼기를 흘려버리지 않으려고 애쓰는 것처럼 처음 새 사람이 되어서는 다시는 죄를 짓지 않으려고 말한마디 행동 하나하나 온전한 십일조 온전한 주일 성수 등 수없이 다짐하고 또 다짐하며 주님 뜻대로 살기로 작정했었다.

그런데 각오와는 다르게 하루 이틀 지나면서 또 예전의 습관이 나온다. 바쁜데 이 정도는~ 이번에는~ 하면서 소홀해지고 밥알 같은 작은 찌꺼기들이 흘러가고 있는 것을 알면서도 그냥 지나치게 된다. 아니 이렇게 사용하다가는 어느 날 또 배수구가 막히고 또 공사를 해야겠지 하면서도 대수롭지 않게 넘긴다.

주님! 늘 변함없이 성실한 삶이 되게 하시고, 제 영적인 통로가 탁막혀 있을 때 사명이 끝나지 않도록 도와주시옵소서!

모래성

강원도 속초에 있는 바닷가에서 중증 재가 장애인가족 캠프에 참석하게 되었다.

모두들 저 멀리 보이는 수평선을 바라보며 넓게 펼쳐진 바닷가 모래밭에 초막을 만들고 두꺼비 집도 만들며 언제까지나 바닷가에서 살 것처럼 온몸을 적시고 있었다.

하루 종일 놀다가 밤에는 모래밭에 둘러 앉아 별을 보며 자신들의 구구절절한 사연들을 떨어 놓기도 했다. 그 중에 몇 명은 평생 처음 바다를 보게 되었다며 감격의 눈물을 흘리기도 했다.

그곳에 도착해서 올 때까지 우리는 우리를 향해 끝없이 밀려오는 파도를 보며 많은 생각들을 하게 되었다.

우리들에게도 평생토록 저 끝없이 밀려오는 파도들처럼 수많은 종류의 도전과 고난이 덮쳐 왔었다. 아니 또 고난의 파도는 계속 밀려 올 것이라는 것도 알고 있다. 그 파도의 모양새를 보면 길게 작게 혹은 좁게 아니면 둘이 셋이 합쳐져서 긴 띠를 형성하며 모래성을 향해 사정없이 밀려온다.

그런데 놀랍고 신기하게도 그 파도가 아무리 거세게 쏜살같이 밀려오다가도 모래성에 닿기만 하면 물거품이 되어 산산이 흩어지고 이내 흔적도 없이 사라진다. 온몸을 뒤 덮은 짠물을 떨어버릴까 하면 곧 뒤따라온 새로운 파도가 밀려들어와 또 허락 없이 내 몸을 온통 적셔 놓곤 사라진다. 어느 땐 나보다 더 큰 파도가 나를 넘어뜨리고 조금 전 가까스로 다듬어놓은 머리카락을 엉망으로 만들어놓고 미안하다는 말도 하지 않고 모래 속으로 숨어 버린다.

그렇다! 우리의 삶에도 내 의사와는 전혀 상관없이 파도처럼 밀려들어오는 갖가지 도전들이 있다. 때로는 질병이나 각가지 문제들로 또는 크고 작은 사건들로 내 가정이나 주변에서 강타를 치고는 달아난다. 이러한 공격이 있을 때마다 미치는 파장이 만만치 않다.

그 여파를 온몸으로 막아내다 보면 입안 여기 저기 구멍을 만들거나 소화불량 내지는 몸살 같은 것을 만들어 내기도 한다. 심할 때는 속마음까지 시리고 아프게 콕콕 쏘아대기도 한다. 그로인해 발생되는 스트레스와 상처들은 쉽게 사라지지 않고 또 다른 모습으로 여기저기 흔적을 남기곤 한다.

일찍이 파도의 생리를 알았다면, 삶의 파도 때문에 쓰러져 그 회복

기간이 길거나 간혹, 헤어나지 못하는 파경까지 가지 않을 수도 있었을 것을….

아무리 끝없이 밀려오는 삶의 고뇌들일지라도 파도가 모래성에 닿기만 하면 사라지듯이 조물주와 통하기만 하면 쉽게 해결이 된다는 것을 왜 그리도 빨리 눈치 채지 못했는가?

어느 땐, 출처조차 모르게 밀려드는 파도로 인해 온몸이 흠뻑 젖는다. 그뿐이 아니다. 조금 전 밀려온 파도로 인해 미쳐 물기도 채 떨지 못했는데, 또 더 큰 파도가 덮쳐와 연타로 맞게 될 땐, 온 몸을 흔들고 발을 동동 구르며 지칠 줄 모르고 파도를 만들어 내보내는 바다를 보며 너무 억울하다! 힘들다! 죽을 것 같다! 소리라도 지르고 싶다. 아니 차라리 바닷가에 아이들이 만들어 둔 모래성처럼 파도에 밀려 아예 무너지고 싶으리 만큼 힘들 때도 있다.

그래도 다행이라면, 아무리 거세게 끝없이 밀려닥치는 파도라도 모래성에 닿기만 하면 순간적으로 사라지기 때문이다. 파도와 같은 문제들로 인해 억울하고 슬플 때마다 젖은 눈물로 주님의 발등상을 적시기만 하면, 교만에서 비롯된 원망과 불평조차도 흔적도 없이 지워주시며 다시 깨끗한 모래밭의 평온함을 주시는 모래성 같은 그분이 계시기에 또 바닷가에 설 수 있는 것이다.

사랑하는 딸아!

수능을 앞둔 딸아이를 매일 밤 늦게까지 학교로 데리러 간다.

유아 · 유치원 3년, 초등학교 6년, 중학교 3년, 지금 고등학교도 3년

차다. 나름 여러 가지 이유를 대자면 끝이 없겠지만, 학부모로서 정말 자격 없는 엄마다.

유치원 졸업을 하면서 이제 유치원 보내는데 어느 정도 적응이 되었다 싶으니 초등학생이 되었다. 늘 다른 학부모들보다 한발 늦다. 6년 졸업 때가 되어 이제 초등학생에 대해서 조금은 알겠네 했더니 중학생이란다. 이제 좀 사춘기 아이들을 이해하겠다 싶었는데 딸아이는 어느새 수능을 앞두고 있었다. 너무 미안해서 변명을 할 수도 없다. 그래서 마지막 남은 1년 동안은 최선을 다하자 해서 늦은 밤마다 최선을 다하고 있는 딸을 데리러 학교로 간다.

이쁜이 딸아!

너는 태어난지 2개월부터 엄마를 알아보았고, 허리에 힘이 생겨 앉기 시작 하면서부터 몸이 불편한 아빠 심부름을 시작했다. 어느새 수에 대한 개념을 알기 시작하더니 엄마가 외출할 때마다 다섯 손가락을 펴며 엄마 들어올 때 먹을 것 이만큼 사와"하더니 숫자 5~10을 알고 난 뒤부터는 열 손가락을 모두 펴 보이며 이만큼 사오라고 했다. 그러다 친구가 생긴 뒤부터는 옆집 ○○네 보다 더 많이 사오라고 했다.

그러던 네가 100이란 숫자를 배우더니 백 개씩이나 사오란다. 그 후 또 발전을 하더니 천국 갈 때 까지 먹을 만큼 사 오라고 신신 당부를 했었다.

가끔 오빠나 친구들하고 입씨름을 할 때 옆에서 조용히 지켜보면 참 재미있는 일도 많았다. 서로 자기네 집이 장난감이 많다. 책이 많다. 아니다. 우리는 더 많다. 백개도 넘는다. 아냐 우리는 천개도 넘는다. 억 개도 넘는다. 결국, 귀 동냥으로 들었던 경에다 해까지 들먹이며 열을 올리며 싸웠다. 그러다 누군가, "나는 하나님만큼 많다"라고 말하자 모두 승리의 팡파르가 터져 나오려는 순간, 네가 벌떡 일어나 제법 삿대질까지 해가며 "네가 하나님이니? 하나님만큼이나 많게, 너는 혼자 스스로 있니? 혼자 태어났어? 그러면 네가 영이라 안 보이겠네? 홍~ 웃기시네."

그 때 네 말은 아주 대단 했었지! 지난주일 교회에서 배운 내용을 가지고 제법 선생님 노릇까지 했었으니까. 이렇게 해서 곧 바로 아이들의 입씨름은 끝이 나고 말았지, 조그마한 입에서 무슨 말이 그렇게 잘도 쏟아져 나오는지, 그런 너에게 엄마·아빠도 그 아이들 이상으로 된통 당한 적이 있었다. 이런저런 이야기 끝에 네가 "엄마 아빠는 안 보고도 우리가 집에서 무엇을 가지고 노는지 어떻게 다 알아?"하기에 "응 그건 어른이 되면 보지 않아도 너희들이 하는 행동 다 알아 그러니까 특히 내 화장품이나 아빠 책상에 있는 물건 가지고 놀지마." 하고는 이때다 싶어, 지난 일 이것저것 들추며 따끔하게 야단을 치는데 가만히 듣던 네가 "엄마가 무슨 하나님이야 안보고도 다 알게" 하면서 네 친구에게 하듯이 엄마 아빠가 하나님이냐고 하면서 조목조목 따져 우리를 꼼짝 못하게 했었지.

성년이 다 되도록 우리의 기쁨이 되고 청량제가 되어 우리의 피로를 날려주었던 딸아!

엄마가 제대로 밀어주지 못해 미안하다!

많이 힘들었지? 그러나 여기까지 인도하신 하나님께서 앞으로도 너를 도우시리라 믿는다.

사랑한다!

축복한다!

분명히 너는 어디를 가든지 복을 누리면서 살 수 있을 것이다.